테크피리언스

테크피리언스

2015년 10월 20일 초판 1쇄 발행
지은이 · 김대영, 이철환

펴낸이 · 이성만
책임편집 · 정상태, 양수인 | 디자인 · 김애숙

마케팅 · 권금숙, 김석원, 김명래, 최의범, 조히라, 강신우
경영지원 · 김상현, 이윤하, 김현우
펴낸곳 · (주)쌤앤파커스 | 출판신고 · 2006년 9월 25일 제406-2012-000063호
주소 · 경기도 파주시 회동길 174 파주출판도시
전화 · 031-960-4800 | 팩스 · 031-960-4806 | 이메일 · info@smpk.kr

ⓒ 김대영, 이철환(저작권자와 맺은 특약에 따라 검인을 생략합니다)
ISBN 978-89-6570-275-7 (03320)

쌤앤파커스(Sam&Parkers)는 독자 여러분의 책에 관한 아이디어와 원고 투고를 설레는 마음으로 기다리고
있습니다. 책으로 엮기를 원하는 아이디어가 있으신 분은 이메일 book@smpk.kr로 간단한 개요와 취지,
연락처 등을 보내주세요. 머뭇거리지 말고 문을 두드리세요. 길이 열립니다.

테크피리언스
TECHPERIENCE

김대영·이철환 지음

쌤앤파커스

목차

TECHPERIENCE

테크피리언스Techperience,
위기에 빠진 마케팅의 새로운 대안

스마트폰, 앱 스토어, 소셜 미디어, 빅데이터, 사물인터넷. 지난 10여 년간 일어난 비즈니스 시장의 변화를 함축해서 보여주는 단어들이다. 사실 이 단어들은 무한한 확장성과 가능성을 담고 있기에 단어 자체만으론 비즈니스 환경과 우리 삶 전반의 변화 속도를 충분히 설명할 수 없을 것 같다. 하지만 우리 주변에서 일어나는 크고 작은 변화들이 얼마나 비즈니스 환경을 빠르게 압도하고 장악해나가고 있는지는 누구라도 체감할 수 있을 것이다.

자고 나면 내일 또다시 새로운 혁신 기술을 적용한 제품이 등장하긴 하겠지만 일반적인 관점에서 기술력은 어느 정도 평준화되어 가고 있다. 기술의 발전이 제품의 혁신과 직결된다는 믿음은 깨진 지 오래다. 엇비슷한 기술력을 보유한 기업은 경쟁 업체와 엇비슷한 제품을 놓고 싸움을 벌인다. 가격 경쟁? 아직도 가격 경쟁으로 시장에서 우위를 점할 수 있다고 믿는 기업이 있다면 아마 오래 살아남지 못할 것이다. 이제는 과거의 비즈니스가 주목했던 '파괴적 혁신disruptive innovation'을 뛰어넘어 '빅뱅 파괴big-bang disruption'라는 관점에서 시장을 바라보고 접근해야 한다. 최근 등장하고 있는 빅뱅 파괴자들은 갑자기 등장해서 순식간에 시장을 장악한다. 어제까지만 해도 시장을 호령하던 기업이 하루아침에 사라지고 그 자리에 완전히 다른 기업이 들어선다.

불과 5년 전에는 이름도 들어보지 못했던, 세계 최대의 택시 회사 우버Uber를 예로 들어보자. 그들은 택시를 단 한 대도 가지고 있지 않다. 하지만 애플리케이션을 이용해 콜택시 서비스를 제공하기 시작했고, 그 어마어마한 파급력은 100년 넘게 지속되어온 기존의 택시 산업을 붕괴시키고 있다. 세계 최대의 숙박 기업인 에어비앤비Airbnb도 마찬가지다. 객실 하나 소유하지 않고도 다양한 숙박 정보를 제공하는 서비스로 세계 최대의 호텔 체인 기업인 메리어트를 뛰어넘었다.

빅뱅 파괴자들은 엄지손톱만 한 애플리케이션 하나를 개발해서 멀쩡하게 잘나가던 기존 산업을 붕괴 위기로 몰고 간다. 노키아, 모토로라, HTC, 닌텐도, 코닥, 소니 등 한때 시대를 호령했던 기업들은 조금씩 자신들의 영토를 그들에게 빼앗기면서 소비자들의 기억에서 사라지고 있다. 그나마 발 빠른 기업은 새로운 먹거리를 찾아 인수 합병을 시도하는 식으로 살길을 모색하고 있다. 하지만 더 큰 문제는 이런 위기의식을 가지고 있는 기업들이 변화를 감지해 발 빠르게 움직여도 별 소용이 없다는 것이다. 단순히 기술력 있는 회사를 갖게 된다고 해결할 수 있는 문제가 아니다. 테크놀로지를 제대로 이해하고 활용하지 못하면 결국 알맹이는 없고 빈 껍데기만 갖는 꼴이다.

지금까지 비즈니스 환경에 이렇게 파괴적인 변화는 일어난 적이 없었다. 테크놀로지의 발전은 단순히 제품의 기능만 향상시킨 것이 아니다. 불과 몇 년 전까지만 해도 고객은 기업이 제공하는 정보나 광고를 보고 제품을 구입했다. 하지만 지금 고객은 소셜 미디어를 통해서 기업보다 빠르고 정확한 정보를 찾아낸다. 마음만 먹으면 원하는 정보를 얼마든지 찾아낼 수 있다. 때깔 좋은 광고, 유혹하는 카피, 퍼주는 이벤트, 사회 공헌 캠페인 등 기존의 마케팅 방식만으로는 더 이상 고객을 사로잡을 수 없게 됐다. 마케팅의 영향력은 점점 힘을 잃어가고 있고, 기업에게도 고객에게도 버림받았다는 느낌이 들 정도다. 마케팅 무용론이 등장하고 마케팅 전문 기업들마저 마케팅 인력의 구조 조정을 단행하고 있다. 기업의 생존 문제가 곧 마케터 개인의 생존 문제와 다르지 않음을 잘 보여준다.
이 책을 집어 든 당신의 고민도 다르지 않을 것이다. 세상은 계속 변하고 있는데 당신이 일하고 있는 기업의 시스템이나 업무 프로세스는 변하지 않고 있다. 어떻게 이 문제를 돌파해야 할지 혼란스럽다. 하지만 언제까지 혼란스럽다고만 할 것인가? 벼랑 끝으로 내몰린 마케팅이 살아남기 위한 방법을 찾아내려면 밑바닥부터 다시 시작해야 한다. 사람과 사람[SNS], 사물과 사물[IoT]이 촘촘하게 연결된 이 시대에 마케팅이 가야 할 길은 어디인가? 너무 똑똑해져버린 고객의 마음을 사로잡을 수 있는 마케팅 솔루션은 무엇인가? 우리는 이런 질문들에 대한 답을 찾고 싶었다.

P&G의 글로벌 마케팅을 맡았던 짐 스텐겔Jim Stengel은 "기존 미디어에만 의존하거나 새로운 기술을 활용하지 않는 브랜드는 결국 소비자를 잃을 것이다."라고 전망했다. 나이키의 마케팅 부사장이었던 호아킨 이달고Joaquin Hidalgo는 "소비자들은 무엇이 멋진지 이야기 듣는 걸 좋아하지 않는다. 그들은 더 많은 제품보다 더 많은 경험을 원한다."라고 이야기했다. 우리는 이 두 가지 언급에서 매우 중요한 힌트를 얻었다. 눈치챘겠지만, 위기의 마케팅을 위한 솔루션은 '기술technology'과 '경험experience'에 있다.

이제 고객은 자신이 경험하지 않은 것은 믿지 않는다. 고객은 자신이 직접 경험한 것을 통해서만 제품과 기업을 신뢰하고, 구매 행동에 나선다. 그러면 어떻게, 어떤 경험을 줄 것인가? 여기서 우리는 기술에 주목해야 한다. 기술은 전과 다른 새로운 차원의 경험을 줄 수 있다. 애플 워치를 보라. 애플은 시계가 가진 본래의 기능에 자신들이 축적해온 기술을 집약시켜 우리에게 새롭고 놀라운 경험을 선사했다. 즉, 기술은 제품의 기능이 확장될 수 있다는 가능성을 열어 보여주기도 하고, 누구도 찾아내지 못했던 가치를 발견하게 해주기도 한다. 고객은 기술에 매료되어 있고, 그 기술을 자신의 경험으로 '소유'하고 싶어 한다.

이 책의 제목은 《테크피리언스Techperience》이다. 테크피리언스는 'technology'와 'experience'를 결합한 새로운 마케팅 용어로, 제품과 서비스에 기술을 접목시켜 고객에게 생생한 경험을 제공하는 마케팅 방법론을 뜻한다. 이것은 새로운 용어긴 하지만 낯설거나 어려운 개념을 담은 것은 아니다. 사실 테크피리언스 마케팅은 이미 시작되어 진행 중이다. 나이키는 퓨얼밴드Fuel Band라는 웨어러블 디바이스를 통해 운동하는 것이 얼마나 즐거운 일인지를 고객 스스로 경험하게 했다. 아마존은 대시Dash, 대시 버튼Dash Button 같은 제품들로 고객이 쇼핑할 때 겪을 수 있는 불편함을 해소하고 새로운 쇼핑 경험을 선사한다. 두 사례 모두 우리가 한 번쯤은 들었거나 사용해봤을 제품 또는 서비스다. 나이키와 아마존은 테크피리언스 마케팅이 어떻게 고객의 마음을 움직였는지, 왜 마케팅이 테크피리언스에 주목해야 하는지 똑똑히 보여줬다.

이 책은 사물인터넷을 다룬 책들처럼 단순히 새로운 기술을 기반으로 한 비즈니스 모델만을 소개하지 않는다. 첨단 기술과 전혀 어울릴 것 같지 않은 사례도 있다. 우리의 고민은 '테크놀로지를 결합한 비즈니스 모델이나 그 모델에 적용된 기술을 어떻게 마케팅에 접목시킬 것인가?'에 있었고, 그 결과 제품 본연의 가치를 강화해주는 기술이 어떤 방식으로 고객의 잠재된 욕구를 충족시켜줄 수 있을 것인가를 핵심 내용으로 담아내는 데 집중했다.

먼저 기업들이 어떻게 기술을 활용해서 고객 경험을 강화하고 있는지 다양한 사례를 담았다. 예를 들어 펩시는 스파이어Spire라는 디지털 자판기를 통해 펩시의 음료를 원하는 대로 조합해서 먹을 수 있는 새로운 경험을 제공한다. 사람들은 자신이 선택한 음료수로 수백 가지의 맛을 직접 만들어 먹을 수 있다. 음료의 맛 자체를 혁신적으로 바꾸지 않고도 간단한 기술을 활용해서 브랜드의 가치를 높인 것이다. 마케팅의 관점에서 볼 때 중요한 것은 끊임없는 혁신만을 외치는 기술 그 자체보다 현재 상용화된 기술을 어떻게 고객 경험이 될 수 있도록 활용하는가에 있다. 우리는 다양한 사례들과 더불어 각각의 마케팅 단계에서 그 기술을 활용할 수 있는 방법, 그와 동시에 현재 여러 산업 분야에서 어떠한 기술이 사용되고 있고, 이러한 기술들을 어떻게 하면 마케팅에 응용할 수 있을지 간략한 활용 방안을 제시했다.

불행하게도, 답안지는 고객의 머릿속에 있다. 정답의 수는 고객의 수만큼 많다. 그래서 우리는 정해진 답을 제시하기보다는 다양한 사례와 마케팅 활용 방안을 제시함으로써 마케터뿐만 아니라 기획 개발 부서의 구성원들이 함께 모여 브레인스토밍을 할 수 있는 계기를 마련해주기로 했다. 새로운 마케팅 플랜이 절실하다고 생각하는 기업의 C레벨 책임자들(최고 디지털 책임자CDO, 최고 마케팅 책임자CMO, 최고 경영자CEO 등), 고객의 욕망을 만족시킬 수 있는 제품을 만들기 위해 고심하는 기획자와 개발자, 현재의 마케팅에 한계를 느끼고 한 단계 업그레이드된 마케팅 방법론을 고심하는 마케터들 모두가 함께 이 책을 읽고 새로운 대안을 모색한다면 크나큰 시너지 효과를 낼 수 있으리라 확신한다.

기술을 알아야 고객을 알 수 있다. 기술은 의외로 곳곳에 널려 있다. 관심만 있다면 원하는 기술을 얻을 수도 있다. 테크피리언스 마케팅이 현실적으로 제 기능을 하려면 기존의 마케팅에 대한 관습적 사고를 '새로고침'해야 할 것이다. 그래서 이 책의 마지막 7, 8장에서는 기업과 마케터가 해야 할 일에 대해 얘기했다. 기업의 입장에서는 새로운 방식의 업무 프로세스나 부서 협업 시스템을 도입할 수 있을 것이며, 마케터 개인의 입장에서는 기술 지식을 습득하는 것에 두려움을 갖기보다 새로운 정보에 대한 호기심을 더 키워야 할 것이다.

오랜 시간 동안 크고 작은 기업의 마케팅을 직접 체험하면서 '앞으로 마케팅이 나아갈 길'에 대해 고민했다. 분명한 것은 현재 우리가 사는 이 시점이 그 어느 때보다 마케팅을 하기가 힘든 시절이란 것이다. 여전히 이론과 실전은 다르고 고객의 요구는 더 까다로워졌으며, 실무적으로 숱한 의사 결정의 난관이 기다리고 있다는 것을 잘 안다. 하지만 생존이란 문제 앞에서 주저할 겨를이 없다. 당신이 주춤하고 있을 때 누군가는 무엇이라도 시도해보고 더 새로운 기술을 찾아 움직일 것이다.

"아무것도 안 하느니 실행하고 실패하는 것이 낫다."라는 말을 믿는다. 어려운 시대일수록 때때로 무모하게 도전하는 것이 더 만족스런 결과를 가져다줄 수 있다. 이 책의 사례들을 그대로 적용할 수 없더라도 어떤 변화를 읽으며 나아가야 하는지, 기술이 어떤 가능성의 날개가 되어줄 수 있는지, 그래서 마케팅 역량을 얼마나 더 키워줄 수 있는지 생각해보는 계기가 되길 바란다. 우리의 선험적인 고민들이 녹아 있는 이 책이 현장에서 뛰는 마케터와 마케팅을 고민하는 사람들에게 조금이나마 도움이 되길 바란다.

김대영, 이철환

1

영원한
비즈니스 모델은
없다

기술의 발전과 고객의 변화를 보지 못하고
자신들이 갖고 있던 자산, 역량, 기술만을 믿고 여유를 부리다
결국 헤어나지 못하는 기업들이 점점 많아지고 있다.
고객을 다시 바보로 돌려놓지 못할 거라면 다른 방법을 찾아야 한다.
지금부터의 변화는 좀 더 발전하느냐 퇴보하느냐의 문제가 아니라
기업이 생존하느냐 반대로 망하느냐의 문제가 될 가능성이 크다.
기술의 변화를 선제적으로 마케팅에 활용하지 못하면 결국 기업의 미래는 없다.
마케터들은 이러한 변화의 흐름을 크고 중대한 위기로 받아들여야 한다.

비즈니스 생태계에 등장한 새로운 포식자들

비즈니스를 이야기할 때 우리는 종종 생태계라는 단어를 사용하곤 한다. 생태계의 정의는 어느 환경 안에 사는 생물군과 그 생물들을 제어하는 제반 요인을 포함한 복합 체계이다. 생태계는 끊임없이 살아 움직이고 변화한다. '비즈니스 생태계'라는 용어가 사용되는 이유는 비즈니스 역시 새로운 먹이를 찾아 지속적으로 변화해왔기 때문이다.

오늘날의 비즈니스와 그를 둘러싼 환경은 그 변화의 속도가 빛의 속도라 해도 어색하지 않을 만큼 빠르고 예상하기 힘든 국면을 맞이하고 있다. 어제의 찬란했던 기업이 자고 나면 빛을 잃고 헤매기도 하고, 초라하고 작거나 이름도 들어보지 못했던 회사가 순식간에 수조의 가치를 지닌 기업으로 우뚝 서기도 한다.

불과 10년 전 스마트폰이 나타나기 전까지 세계 비즈니스를 주

름잡았던 기업들은 PC와 유선 인터넷 시장을 이끌던 마이크로소프트, 인텔, HP, 시스코 등이었다. 그러나 지금은 모바일 혁신을 주도하는 애플과 구글이 그 자리를 대신하고 있다. 뿐만 아니라 페이스북, 우버Uber처럼 애플리케이션 하나로 비즈니스 모델을 만들어가는 기업들의 가치는 수백억 달러에 육박하고 있다.

국가에 따라 불법 논란이 일어나고 있긴 하지만 불과 수년 전에는 있지도 않았던 우버 같은 기업은 〈월스트리트저널〉에 따르면 2015년 상반기 현재 412억 달러, 우리 돈으로 45조 원이 넘는 가치를 평가받고 있다. 숙박 공유 앱 에어비엔비Airbnb는 200억 달러의 기업 가치로 세계 유명 호텔 체인 기업 메리어트(159억 달러)와 하얏트(84억 달러)를 따돌렸다.

기업 가치에 대한 평가와 별개로 우버는 1896년 미국에서 등장한 이래 지속적으로 산업을 영위하던 택시 산업의 붕괴를 예고하고 있기도 하다. 하지만 이것도 영원하리란 보장은 없다. 언젠가 구글의 무인 자동차가 등장한다면 우버의 비즈니스 모델 역시 다른 방향으로 변화해야 할 것이며, 단계적으로 자동차 보험 산업 역시 택시 산업의 붕괴 위기처럼 같은 국면을 맞이할지 모른다. 이렇듯 지금의 비즈니스 환경에서는 예상치도 못했던 사업 모델이 등장해 다른 영역의 산업 자체를 붕괴 위기로 몰고 가는 일들을 어렵지 않게 마주칠 수 있다.

우물쭈물하다가 내 이럴 줄 알았지

조지 버나드 쇼George Bernard Shaw의 묘비에 새겨진 "우물쭈물하다 내 이럴 줄 알았지."라는 글귀는 이런 비즈니스 환경에 제대로 대처하지 못하는 많은 기업들에게 모두 해당되는 말이 될 듯하다.

디지털카메라의 원천 기술을 갖고 있던 코닥이나, 경쟁력 있는 스마트폰을 충분히 만들어낼 역량이 있었던 노키아 그리고 소니와 모토로라까지, 한때 소비자들의 사랑을 받았던 많은 기업들이 외면받거나 역사 속으로 사라진 것은 이제 새로울 것도 없는 일이 되었다.

기술의 발전과 고객의 변화를 보지 못하고 자신들이 갖고 있던 자산, 역량, 기술만을 믿고 여유를 부리다 결국 헤어나지 못하는 기업들이 점점 많아지고 있다. 기술의 발전 속도가 빨라지고 그만큼 고객도 예측 불가능의 속도로 변화하고 있기 때문이다. 이러한 속도는 점점 더 가속화될 것이고 기업은 생존을 위해 더 많은 고민과 대안을 찾아야 하는 시대가 되었다.

인터넷이 발명되고 인류의 삶은 그전과는 비교할 수 없을 정도로 많은 변화를 맞았다. 그 후 겨우 10년 만에 스마트폰이 등장하고 인류는 더 큰 변화를 체감하고 있다. 스마트폰의 등장 후 10년, 그리고 다가올 또 다른 10년은 5G, 기가와이파이 등 더 빨라질 모바일 네트워크 속도와 스마트해진 센서 기능들로 무장한 진짜 사물인터넷 시대가 될 것이다. 이러한 변화는 이전과는 차원이 다른 변화의 모습을 하고 있을 것이다. 인류의 삶이 바뀌어 간다는 것은 비즈니스 생태계 역시 변화해야 함을 의미한다. 더 달라질 미래, 더 달라질 고객의 생각과 삶을 예측하고 대비해야 겨우 살아남거나 반대로 시장을 장악할 수 있다.

다른 기업보다 조금 더 빨리 미래를 예측하고 대응하는 기업들은 지금 가진 것에 자만하지 않고 무모하리만큼 새로운 기회를 찾기 위해 노력하고 있다. IBM은 더 이상 컴퓨터를 파는 회사가 아니며 통신사인 소프트뱅크는 200만 원짜리 가정용 로봇 사업 시장에 진출했다. 애플과 구글은 무인 자동차를 만들고 있으며 애플의 주주들은 아예 전기 자동차 업체 테슬라Tesla를 인수하라고 요청하기도 했다. 테슬라의 CEO와 애플의 M&A 책임자가 만났다는 소문이 돌며, 실제 인수설이 나오기도 했다. 구글은 모토로라를 매각한 돈에 웃돈까지 얹어 작은 실내 온도 조절 장치를 만든 네스트 랩스Nest Labs를 3조 4000억 원에 인수했고 페이스북은 가상 현실 체험기를 만드는 하드웨어 개발 업체 오큘러스Oculus를 2조 원에 인수해 미래의 새로운 플랫폼을 준비하고 있다.

이렇게 변화의 속도를 감지하고 미래를 준비하는 회사들은 새로운 '기술technology'을 자신들의 목적에 맞추어 스마트하게 적용하는 시도를 하고 있거나 완전히 새로운 먹거리를 찾기 위해 동분서주하

페이스북은 가상 현실 체험기를 만드는 하드웨어 개발 업체 오큘러스를 2조 원에 인수해 미래의 새로운 플랫폼을 준비하고 있다. 인류의 삶이 바뀌어 간다는 것은 비즈니스 생태계 역시 변화해야 함을 의미한다. 더 달라질 미래, 더 달라질 고객의 생각과 삶을 예측하고 대비해야 겨우 살아남거나 시장을 장악할 수 있다.

고 있다.

기존의 기업들이 현재의 달콤함에 취한 채 미래 예측 보고서나 쓰며 시간을 낭비할 때 실리콘 밸리의 스타트업들은 작은 사무실에서 번뜩이는 아이디어와 타오르는 열정으로 소리 없이 밤을 새고 있다. 지금도 크라우드 펀딩 사이트 인디고고indiegogo.com에는 기존 산업을 붕괴시키기에 충분한 아이디어들이 쏟아지고 있다. 하지만 국내 기업의 최고 경영자CEO, 최고 마케팅 책임자CMO, 최고 전략 담당자CSO를 비롯해 실무 담당자들조차 인디고고가 무엇인지, 한국의 스타트업들은 어떤 기업이 있는지, 고객의 삶을 변화시키는 기술은 어떤 것들이 있는지 관심이 없다. 아니 더 정확히 말하자면 관심은 있지만 어디서부터 어떻게, 무엇을 배우고 무엇을 준비해야 하는지 모른다.

기술 혁신은 마케팅에게 위기인가? 기회인가?

이 책에서는 앞으로 수많은 테크놀로지를 이용한 마케팅과 비즈니스 사례들이 등장할 것이다. 이에 앞서 세 가지 사례를 먼저 소개하고자 한다. 이 세 가지 사례는 새로운 테크놀로지를 통한 비즈니스 모델들이다. 이 사례들을 먼저 소개하는 이유는 새로운 테크놀로지가 기존 산업에 어떤 영향을 줄 것인지를 좀 더 현실적으로 예측하게 해주기 때문이다.

첫 번째는 스마트 파스 퀠Quell이다. 퀠은 통증을 완화해주는 스마트 디바이스이다. 뉴로메트릭스NeuroMetrix가 선보인 이 디바이스는 신경계를 자극해 통증을 완화시켜주는 최초의 웨어러블 밴드다. 사용자는 종아리나 허벅지, 팔 등 통증이 느껴지는 부위에 이 밴드를 착용한 후 버튼 한 번만 누르면 15분 만에 통증이 완화되는 경험을 하게 된다. 퀠은 임상 실험을 마치고 미국 식품의약국FDA의 승인을 얻어 판매되고 있다. 퀠은 신경 자극 기술을 이용하여 뇌로 전달되는 통증을 차단해 만성 통증을 중화시키는 것으로 알려졌다. 당뇨병이나 하부 요통으로 인한 신경성 통증이나 허리 디스크, 관절염 등 만성 통증에 시달리고 있는 사람들에게 유용하다. 퀠은 얇은 소재를 활용한 디자인으로 옷 안에 입었을 때 부해 보이지 않고 가벼워서 집이나 회사 등 일상생활에 착용해도 불편하지 않다. 이 스마트 웨어러블 밴드는 2015년 크라우드 펀딩 사이트인 인디고고에 등장해 최초 목표 금액인 10만 달러의 3배가 넘는 38만 달러를 모금해서 큰 반향을 일으키기도 했다.

두 번째 소개할 스마트 디바이스는 미국의 스카나두Scanadu 사가 개발하고 있는 스카우트Scout이다. 스카우트는 미국의 퀄컴Qualcomm이 2012년부터 영화 '스타트렉'에 나온 트라이코더Tricorder를 실제 개발하기 위해 1000만 달러의 상금을 내걸었을 때 255개의 도전 팀 중 가장 주목받는 제품이었다. '스타트렉'에 등장한 트라이코더는 몸에 갖다 대기만 해도 어디가 아픈지 알 수 있는 건강 측정 장치다.

스카우트는 관자놀이에 몇 초 정도 갖다 대는 것만으로 산소 포화도, 심박 수, 심전도, 혈압, 심박 변이도, 스트레스 지수 같은 건강 신호들을 측정한다. 이렇게 측정된 정보는 스마트폰에 전송돼 질병을 진단하는 데 이용된다. 세계적인 디자인 회사 아이데오IDEO가 디자인을 맡은 것도 유명세를 타게 된 이유가 되었다. 2014년 국제 전자제품 박람회CES(The International Consumer Electronics Show)에 출품되어 많은 언론에 소개되기도 했으며, 인디고고에서 선판매를 통해 8500명에 가까운 투자자들을 모아 최초 목표액이었던 10만 달러를 쉽게 뛰어넘어 166만 달러 이상의 펀딩을 받았다. 스카우트는 현재 미국 식품의약국의 승인을 기다리고 있으며, 일부 사용자들에게서 데이터를 수집하고 있다.

세 번째는 국내 회사에서 출시한 몬스터 건전지다. 이 건전지는 충전용 건전지지만 기존의 충전 건전지와는 조금 다르다. 건전지의 한쪽에는 USB 포트로 충전이 가능한 마이크로 5핀 단자가 내장되어 있다. 이를 통해 USB로 간단하게 충전할 수 있다. 건전지를 사용한 후 USB에 꽂아놓으면 2~3시간 내에 충전이 완료되며, 최소 500회 이상 재사용할 수 있어 건전지 하나를 구입하면 500개의 건전지를 사는 것과 같은 효과를 볼 수 있다. 충전 시에는 LED 색상으로 완충

여부를 알 수 있도록 해준다. 몬스터 건전지는 하이브리드 충·방전 기술이 적용된 새로운 개념의 배터리로 시중에서 많이 사용되고 있는 알카라인 건전지보다 우수하고 안전하다. 많은 양의 건전지가 수거되지 못하고 환경 오염을 일으키고 있는 상황에서 몬스터 배터리는 친환경적인 대안이 될 수 있다.

　새로운 기술과 아이디어를 통해 만들어낸 세 가지 비즈니스 모델을 본 후 여러분이 어떤 느낌을 가졌을지 궁금하다. 이 세 가지 아이디어의 공통점은 모두 기존 산업에 위기를 줄 수 있다는 점이다. 퀠은 기존의 진통제 산업에 큰 영향을 줄 수도 있다. 관절염 등의 만성 통증을 갖고 있는 소비자들은 먹는 진통제의 부작용을 우려해 파스류에 기대고 있는 실정이다. 한독은 2013년 575억 원을 들여 태평양제약을 인수했다. 국내 파스 제품 1위인 케토톱을 갖게 된 한독은 케토톱을 간판 제품으로 육성하기 위해서 2017년 준공을 목표로 337억 원을 투입해 케토톱 생산 공장을 구축한다고 밝히기도 했다.
　하지만 만약 퀠이 소비자들의 인기를 얻고 대중화된다면 기존의 파스 시장은 어떤 형태로든 영향을 받을 가능성이 있다. 스카우트 역시 대중들의 사랑을 받게 된다면 가정용 의료 기기 시장은 지각 변동을 피할 수 없을 것이며 건전지 시장 또한 마찬가지다.

빅뱅 파괴자들의 초토화 혁신

1999년에 하버드 경영대학원의 석좌 교수 클레이튼 크리스텐슨 Clayton Christensen의 《혁신 기업의 딜레마》가 출간되었을 때 많은 기업들은 그가 말한 '파괴적 혁신disruptive innovation'에 공감했고 이에 대처하기 위해 머리를 싸매야 했다. 시간이 흘렀고 기술의 발전은 이제 '파괴적 혁신'을 넘어 '빅뱅 파괴big-bang disruption'라는 개념을 만들기에 이르렀다.

글로벌 컨설팅 기업인 액센츄어Accenture 출신, 래리 다운즈Larry Downes와 폴 누네즈Paul Nunes는 《어떻게 그들은 한순간에 시장을 장악하는가》에서 파괴적 혁신을 뒤엎는 개념을 제시했다. 바로 빅뱅 파괴이다. 이 책에서 저자들은 기존의 시장을 공격하는 새로운 파괴자들이 초토화 혁신을 진행 중이라고 이야기한다. 파괴적인 기술들이 안정적 산업 기반을 초토화시키는 속도는 기존의 혁신과 차원을 달리해서 불과 몇 달, 며칠 만에도 기존 시장을 무너뜨린다. 빅뱅 파괴자들이 일단 출현하고 나면 기존의 기업은 이미 대응할 시간과 경쟁력을 갖출 기회가 없다는 것을 깨달을 뿐이다. 자신의 산업 분야에 이러한 파괴자들이 다가오는 걸 소비자보다 먼저 깨닫지 못하면 기업은 그걸로 끝이다. 저자는 "빅뱅 파괴자가 누구인지" 또 "어떻게 이들에 맞서야 하는지"에 대한 철저한 준비가 되어 있지 않은 기업

스마트폰의 출현 하나만으로 호황을 누리던 산업 자체가 붕괴를 맞고 있다. 스마트폰 애플리케이션들의 파괴력은 더 무한하며 더 가속화될 것이다. 새로운 상생을 찾지 못한다면 100년 넘게 지속되어온 택시 산업은 우버 때문에 붕괴를 맞게 될지도 모르며 호텔 체인들의 호황은 에어비앤비 때문에 더 이상 찾아오지 않을지도 모른다.

에게 미래는 없다고 강력하게 주장한다.

스마트폰의 출현 하나만으로 호황을 누리던 산업 자체가 붕괴를 맞고 있다. 내비게이션은 스마트폰이 제공할 수 없는 기능을 업그레이드하며 안간힘을 쓰고 있지만 하락세를 멈추지 못하고 있다. 한때 세계를 호령하던 mp3 플레이어는 이미 역사 속으로 사라져버렸다. 일부 전문가 수준의 고급 카메라를 제외하면 일명 '똑딱이'라 부르던 디지털카메라 시장도 곧 IT 역사의 추억으로 기억될 것이다.

스마트폰에 내장된 애플리케이션들은 엄지손톱만 한 크기의 작은 버튼에 불과하지만 이 프로그램들의 파괴력은 무한하며 더 가속화될 것이다. 새로운 상생을 찾지 못한다면 100년 넘게 지속되어온 택시 산업은 우버 때문에 붕괴를 맞게 될지도 모르며 호텔 체인들의 호황은 에어비앤비 때문에 더 이상 찾아오지 않을지도 모른다. 〈허핑턴포스트〉나 〈버즈피드BuzzFeed〉와 같은 10년도 안 된 뉴스 사이트들이 150년의 역사를 간직한 〈뉴욕타임스〉나 〈워싱턴포스트〉 같은 회사들을 인수할 날이 올지도 모른다.

실제 테슬라는 2015년에 자율 주행 기능을 탑재한 모델 D를 출시하며 수년째 무인 자동차 기술을 연구해온 구글을 뛰어넘었다. 이렇게 테슬라를 선두로 무인 자동차 시장이 확대되면 구글과 같은 기업만 타격을 입는 것이 아니다. 정확히 수치화된 신호를 받아서 운전하는 기계가 사람보다 사고 확률이 낮다고 가정했을 때 자동차 보험 산업도 사라질 운명에 처할 수 있다.

　이러한 예측이 너무 먼 미래의 이야기처럼 들리는가? 하지만 앞의 세 가지 사례는 작은 산업 분야에서도 테크놀로지의 발전이 기존 산업을 위협하고 있다는 증거로 충분하다. 테크놀로지를 모른다는 것은 이제 지식이 있고 없고의 문제가 아니다. 테크놀로지는 모든 것이 되었다. 그렇기 때문에 첨단 제품을 생산하는 기업이 아니더라도 기술의 변화와 그에 따른 고객의 변화를 알아야 한다는 것을 다시 한 번 강조해도 지나치지 않을 듯하다. 그렇다고 너무 겁먹을 필요는 없다. 적어도 알고 대비한다면 어떻게든 죽지 않고 살아남을 방법을 찾을 수 있기 때문이다.

똑똑해진 고객 vs 혼란스러운 마케터

　이 책은 기술의 발전으로 인한 산업의 붕괴와 그에 대한 대비책을 이야기하진 않는다. (사실 그런 책은 너무 많다.) 이 책은 어떻게 하면 기술을 이용해 기존 산업이 좀 더 고객에게 가치를 제공할 수 있는가를 고민하는 책이다. 그러므로 우리는 거시적인 관점에서 비즈니스와 테크놀로지를 다루지 않을 것이다. 다만 앞서 언급한 것과 비슷한 여러 사례들을 통해 기술의 발전이 얼마나 비즈니스 생태계와 우리의 삶에 큰 영향을 줄 수 있는지 보여줄 것이다.

마케팅의 관점에서 우선 마케터는 어떻게 기술이 발전하고 그 변화가 결국 어떻게 고객의 삶을 변화시킬 것인가를 예측해야 한다. 하루가 다르게 변화하는 비즈니스 환경에 맞춰 변화하는 고객의 삶을 예측해야 하는 이유는 비즈니스의 대상이 결국 사람, 즉 고객에게 귀결되기 때문이다.

2005년부터 2015년, 10년 동안 우리에게는 어떤 변화가 있었을까? 2006년 삼성경제연구소에서 발표한 '2005년 10대 히트 상품으로 본 소비 트렌드'를 살펴보자.

> 조사 결과, 도심 속에 자연을 복원한 '청계천'이 응답자의 특성에 상관없이 폭넓은 지지를 얻어 1위를 기록하였다. (…) 3위는 이동식 멀티미디어 방송 서비스 기기 '위성 DMB폰'이 차지하였다. (…) 운전자에게 지리 정보 업데이트는 물론 엔터테인먼트 기능까지 제공하는 '내비게이션'이 8위 (…) 마지막은 네티즌들의 새로운 네트워크 채널로 부상하고 있는 '블로그'가 10위를 기록하였다.

이제 다시 2015년으로 돌아와 보자. 위성 DMB폰은 선명한 화질과 비교할 수 없는 콘텐츠 양에서 앞서는 모바일 TV에 자리를 내주었다. 내비게이션 역시 '김기사'와 같은 스마트폰 내비게이션에 밀려 하향세를 걷고 있다. 새로운 네트워크 채널로 부상했던 블로그도

2015년 현재 페이스북, 카카오스토리, 인스타그램 같은 소셜 미디어에 밀려 영향력이 이전만 못하다.

앞서 살펴본 10년 사이의 변화를 이끄는 중심에는 스마트폰이 있었다. 2007년 6월 애플이 아이폰을 세상에 내놓으면서 소비자의 라이프스타일에도 많은 변화가 일어났다. 이제 인터넷 서비스를 이용하기 위해 PC 전원을 켜는 사람은 거의 없다. 2011년 이후로 매년 수백만 대씩 PC 출하량이 줄어들고 있는 것이 이를 방증한다.

지상파 프로그램들도 전통적 TV 시청 행태에서 모바일 플랫폼으로 이동하고 있다. 2015년 1월 30일 언론진흥재단이 발표한 '2014 언론 수용자 의식 조사'에 따르면 30대의 이동형 인터넷(모바일) 이용률은 95.8%로 조사 이래 처음으로 TV 이용률(92.8%)을 앞질렀다. 20대의 경우 이미 2012년부터 이동형 인터넷 이용률이 TV 이용률을 제쳤다. 20~30대의 젊은 층을 중심으로 미디어 소비가 전통 매체에서 모바일과 같은 이동형 인터넷으로 빠르게 이동하고 있음을 보여주고 있다. 미디어별 뉴스 이용률 역시 모바일과 소셜 미디어를 통한 뉴스 이용을 제외하고 전반적으로 감소세를 보였다.

스마트폰이 출현한 이후 비즈니스 환경은 물론 고객의 삶은 무한한 변화를 맞이했다. 이러한 고객의 변화가 마케팅의 변화를 요구하고 있다. 그러나 마케터는 혼란스럽다. 소비자들은 네트워크로 똘똘 뭉쳐 있고 기업들이 미처 알지 못한 정보까지 얻을 수 있을 만큼 스마트해지고 있다. 분명히 정보 권력의 주체는 기업에서 소비자로 이동했다. 예전에는 TV나 신문 광고 정도만을 통해 기업이나 제품의 정보를 얻을 수 있었던 반면 이제 소비자들은 언제 어디서나 기업과 제품의 정보를 원하는 대로 얻을 수 있다.

소비자는 페이스북, 카카오스토리, 인스타그램 등을 통해 자신이 구입한 물건에 대한 정보를 공유하고 적극적으로 의견을 펼침으로써 실시간으로 기업을 압박한다. "소비자는 기업에 비해 불완전한 정보만을 가지고 제한된 대안들 내에서 구매 의사 결정을 할 수밖에 없다."라는 마케팅의 기존 전제가 심대한 도전을 맞고 있다. 맥킨지McKinsey에서 발행한 〈소비자 행동 조사 보고서〉에 따르면 기업이 주도하는 마케팅이 고객의 적극적 구매 평가 시점에 미치는 영향력은 3분의 1에 불과하며 온라인 사용 후기나 지인들의 추천 등이 훨씬 큰 영향력을 행사하는 것으로 나타났다.

정보의 주도권이 고객에게로 돌아선 이상 기업은 고객에게 사탕발림을 하거나 꼼수를 쓸 수 없게 되었다. 정보 권력이 기업에게 있던 옛날은 어쩌면 마케팅의 황금기였을지도 모르겠다.

더 이상 '좋아요'에 집착하지 마라

기술과 고객은 너무 빨리 변해 가는데도 기업의 마케팅 부서에서는 여전히 TV 광고를 만드는 것에 집중하고 바이럴 영상을 만들어서 어떻게 하면 100만 조회수를 넘길 것인지를 고민한다. 많은 사람들이 페이스북을 이용하고 있으니 너 나 할 것 없이 페이스북 기업 계정을 운영하며 고객과 소통하려고 노력한다. 하지만 고객은 기업 계정에 올라오는 글을 보기 위해 페이스북을 찾지 않는다. 바나나 우유나 아메리카노 같은 경품이 하나라도 있어야 겨우 '좋아요'를 한 번 눌러줄 뿐이다. 페이스북도 기업이 광고를 하지 않으면 기업 페이스북 계정의 글들이 고객에게 잘 노출되지 않도록 만들었다. 광고를 집행하더라도 이제 고객은 쉽게 호응해주지 않는다. 방송과 방송 사이의 광고는 어쩔 수 없이 볼 수밖에 없었지만 소셜 미디어 안에서 광고는 0.5초의 플리킹flicking으로 소비자의 시야에서 사라진다. 지금 한창 유행처럼 만들어지면서 소비자도 반응하는 네이티브 광고 native advertising(광고를 게재하고자 하는 해당 웹 사이트에 맞게 고유한 방식으로 기획 및 제작된 광고) 역시 언제까지 효과가 지속될지 미지수다.

　물론 TV건 모바일이건 광고는 사라지지 않을 것이다. 어떤 형태로든 소비자들에게 잘 노출될 수 있는 방법을 찾을 것이고 소비자들 또한 그러한 방법에 반응을 해줄 것이다. 하지만 분명한 것은 소비자들이 20~30년 전 그 시절만큼 광고에 반응하지는 않는다는 것이다. 그것은 매체의 탓이 아니라 고객이 똑똑해졌기 때문이고, 정보 권력이 소비자에게 모두 넘어갔기 때문이다.

기업은 고객을 다시 바보로 돌려놓지 못한다면 다른 방법을 찾아야 한다. 스마트한 고객이 스마트하게 받아들일 수 있는 마케팅 방법론이 필요하다. 그 해답은 결국 고객을 스마트하게 변화시킨 기술에 있다. 이제 마케터는 '테크놀로지스트technologist'로 거듭나야 한다. 기술을 모른다는 것은 결국 고객을 모른다는 것과 다름없는 시대가 오고 있다. 정보 권력이 소비자에게로 이동한 지금의 시대에서는 허울 좋은 포장 따위로 고객을 현혹시킬 수 없다. 이제 소비자들은 자신이 경험하지 못한 것은 믿지 않는다. 자신이 경험하지 못한 것을 겨우 믿는다 해도 그것은 지인들이 소셜 미디어에 올려놓은 간접 경험들을 바탕으로 판단했을 가능성이 크다.

결국 경험이다. 그것도 똑똑해진 고객이 인정할 수 있는 경험 말이다. 테크놀로지를 통해 고객에게 새로운 경험을 제공하는 것만이 고객의 관심과 구매 욕구를 불러일으킬 수 있는 시대가 열릴 것이다.

이쯤에서 우리는 이런 질문을 던져볼 수 있다.

"테크놀로지가 상품과 만나 소비자에게 새로운 경험을 선사하고, 그로 인해 궁극적으로 매출이 늘어날 수 있다면 그 영역은 마케팅일까? 제품 개발의 영역일까?"

이 질문에 대한 답은 이것이다.

"이러한 질문에 답을 해야 하는 시절은 이제 끝났다."

이제 사업 기획, 제품 기획, 마케팅 등은 그 영역 자체가 모호해지고 있고 향후에는 더 심해질 것이다. 하지만 여전히 수많은 기업에 마케팅 부서가 존재하고 마케터라 불리는 사람들이 자리를 지키고 있다. 마케팅의 미래, 마케터의 미래는 어떻게 변화할까? 미래를 확신할 수는 없지만 고객의 구매 심리와 패턴이 과거와 다르지 않다고 착각하며 예전의 마케팅 이론만으로 고객을 바라보려 하는 마케터의 미래가 밝지 않다는 것만은 확실하다.

광고 대행사나 컨설팅 회사들은 어떤 형태로든 여전히 돈을 벌고 살아남기 위해 새로운 마케팅과 커뮤니케이션 방법론을 고민할 것이다. 여전히 미래에도 매체가 어디가 되었건 형태가 어떻게 변했건 간에 광고는 존재할 것이다. 하지만 기업 내의 마케팅이 스스로 혁신을 미루고 변화를 꾀하지 않는다면 최고 마케팅 책임자라는 직책은 사라지고 마케팅 전공자들은 찬밥 신세가 될지도 모른다.

실제 P&G는 매년 각종 광고에 10억 달러 이상을 투자해왔지만 2012년 1000명의 마케팅 인력을 구조 조정하며 자사의 마케팅 전략을 디지털 채널에 집중하겠다고 밝혔고 2013년 12월 유니레버 역시 마케팅 직군 800명을 구조 조정했다. 마케팅 분야에서 내로라했던 두 기업의 이런 행보는 마케팅이 직면한 위기를 잘 드러내고 있다.

P&G의 글로벌 마케팅 책임자였던 짐 스텐겔Jim Stengel은 "기존 미

디어에만 너무 의존하는 브랜드, 그리고 새로운 기술의 활용에 나서지 않는 브랜드는 결국 소비자와의 접촉을 잃을 것이다."라고 전망했다. 이제 마케팅은 사람과 사람이 연결되어 있는 소셜 네트워크 시대임과 동시에 사물과 사물이 연결되어 있는 사물인터넷 시대를 통찰해야 한다. 어떻게 테크놀로지를 이해하고 활용하여 미래의 고객에게 새로운 가치를 제공하고, 사랑 받을 수 있을지를 고민해야 한다.

마케팅이 바뀌어야 기업도 살아남는다

마케팅의 중심에는 고객이 자리 잡고 있다. 기존의 마케팅에서도 테크놀로지의 발전과 함께 변화하는 고객을 이해하기 위한 노력은 끊임없이 진행되어왔다. 그러나 그 속도나 파급력이 지금처럼 변화무쌍하지는 않았다. 인터넷의 등장에 따라 기업과 소비자는 큰 변화를 맞이했고 마케팅에도 많은 변혁이 일어났다.

실제로 인터넷을 통해 변화한 고객 트렌드를 따라가며 디지털 마케팅을 위해 기업들이 투자한 돈과 시간은 엄청나다. 10년 전만 해도 디지털 마케팅 팀을 갖추고 있는 기업의 수는 손에 꼽을 정도였지만 지금은 디지털과 관련된 마케팅을 하지 않는 기업을 오히려 찾아보기 힘들다.

디지털 기술을 수용하는 과정에서 살아남거나 도태되거나 혹은 예전보다 훨씬 큰 호황을 맞이하는 기업들이 각각 분류되었다. 거듭 강조하지만 지금부터의 변화는 좀 더 발전하느냐 퇴보하느냐의 문제가 아니라 기업이 생존하느냐 반대로 망하느냐의 문제가 될 가능성이 크다. 기술의 변화를 선제적으로 마케팅에 활용하지 못하면 결국 기업의 미래는 없다. 마케터들은 이러한 변화의 흐름을 크고 중대한 위기로 받아들여야 한다. 기술이 어떻게 고객의 삶을 바꾸게 될지를 예측하고 다른 기업보다 먼저 기회를 선점해야 한다.

마케터들이 테크놀로지를 이해하는 일은 당연한 일이 되어야 한다. 이제 기술을 이해하는 것은 개발자나 IT 담당자들만이 해야 할 몫이 아니다. 마케터가 마케팅 테크놀로지스트로 거듭나야 하는 이유가 여기에 있다. 기술을 이해해야 고객을 이해할 수 있고 그것을 마케팅에 효율적으로 접목할 수 있기 때문이다.

단순히 새로운 디지털 디바이스를 이해하고 어떤 모바일 매체에 어떤 크리에이티브한 광고를 해야 효율적인가를 고민하는 수준만으로는 안 된다. 모바일 시대의 새로운 매체에 새로운 광고를 집행하고 효율적으로 고객에게 도달하는 일들은 이미 많은 광고 대행사들이 고민하고 있고 앞으로도 고민할 것이다. 하지만 광고 대행사들은 돈이 되는 일에만 매달려야 하는 한계가 있다. 때문에 좀 더 앞서 나가는 생각을 하더라도 그 생각이 돈이 되지 않으면 쉽게 실행에 옮길 수 없다. 제일기획, 이노레드와 같은 우리나라 광고 대행사들의 수준이 해외의 대행사보다 결코 낮은 수준이라고 생각지 않는다. 실제 여러 광고 대행사들은 소비자의 변화나 기술의 발전을 파악하고 기존의 필름 광고가 아닌 새로운 마케팅 솔루션을 고민하기 시작했다. 하지만 문제는 현재의 구조상 매체비로 버는 수익이 큰 비중을 차지하고, 광고 이상의 마케팅 솔루션을 매체비 이상의 돈으로 보상해줄 수 있는 기업이 많지 않다는 데 있다. 여전히 한국에서 돈이 되는 일은 좀 더 효과적인 광고 매체를 발굴하고 어떻게든 광고주들이 그 매체에 광고를 하게 만드는 일이다.

그러나 앞으로 기업의 마케팅을 혁신적으로 변화시킬 수 있는 영역은 광고 등의 커뮤니케이션 영역에 있지 않을 것이다. 마케팅의 변화를 이끌기 위해서는 기업의 마케팅 부서가 먼저 변화해야 한다.

2

테크놀로지가
크리에이티브다!

테크피리언스Techperience는 테크놀로지technology와 익스피리언스experience의 합성어다.

물론 기존 마케팅 이론에 쓰인 단어는 아니다.

이 새로운 마케팅 개념의 핵심은 첨단 기술을 이용해

고객에게 기업 제품의 핵심 가치를 강화시킬 수 있는 경험을 제공하라는 것이다.

퓨얼밴드나 대시 같은 사례들을 선두로

테크놀로지를 마케팅에 활용하려는 움직임은 분명히 대세가 될 것이다.

테크피리언스 마케팅은 앞으로 마케팅에서 중요한 화두가 될 것이고

마케터들과 마케팅 부서의 존재 가치를 보여줄 수 있는 중요한 기준이 될 것이다.

새로운 기술로 더 많은 경험을 제공하라

당연히 눈치챘겠지만 테크피리언스Techperience는 테크놀로지 technology(기술)와 익스피리언스experience(경험)의 합성어다. 물론 기존 마케팅 이론에 쓰인 단어는 아니다. 이 새로운 마케팅 개념의 핵심은 첨단 기술을 이용해 고객에게 기업 제품의 핵심 가치를 강화시킬 수 있는 경험을 제공하라는 것이다.

여전히 많은 기업들이 상품 기획과 마케팅을 구분하여 운영한다. 일부는 마케팅 부문이 상품 기획 부문을 포함시키기도 하지만 아직까지는 그렇지 않은 기업이 더 많다. 테크피리언스는 상품 기획 단계에서 기술을 이용해 상품의 가치를 강화해야 한다는 개념은 아니다. 많은 기업들이 테크놀로지를 이용해 제품의 가치를 강화하거나 새로운 상품을 만들기 위한 연구 개발에 힘을 쏟고 있다. 그런데 엄밀히 따지면 이 단계는 마케팅의 영역이 아닐 수 있다. 수많은 기업들이 테크놀로지의 발전에 따른 새로운 상품을 개발하고 있지만 그 영역에 마케팅이 끼어들 자리는 많지 않다. 그렇기 때문에 이 책에서 이야기하고자 하는 것은 마케팅이 (또는 마케터가) 기술과 고객을 이해하여 상품 '기획'과 '개발'에 기여하라는 것이 '아니다.'

테크피리언스 마케팅의 핵심은 기업의 기존 제품이 지닌 가치를 더 강화하기 위해 기술을 이용한다는 데에 있다. 뒤에 구체적으로 소개될 세제, 음료수, 분유, 볼펜, 타이어 등의 사례는 첨단 기술과는 전혀 상관없을 것만 같은 기존의 제품에 고객이 좀 더 재미를 느끼거나 혹은 제품의 본질을 더 잘 경험할 수 있도록 진보된 기술을 적용할 수 있음을 보여준다. 물론 이 사례들은 마케팅의 관점에서 이용되고 있는 것들이 아닌 새로운 비즈니스 모델 개발이라는 관점에서 나온 것들이다. 하지만 그럼에도 이 기술들을 활용하면 기업들이 기존 제품을 이용해 고객에게 좀 더 새로운 경험을 제공할 수 있다.

현재 마케팅 방법론 측면에서 테크피리언스란 개념이 존재하고 있지는 않지만, 앞서가는 일부 기업들이 이미 이러한 개념 하에서 마케팅을 시도하고 있으며 관련된 사례도 앞으로 더욱 많아질 것이다.

❖ 소비자가 우리의 세계를 규정한다

세계에서 가장 권위 있는 국제 광고제로 알려진 칸 라이언즈Cannes Lions International Festival of Creativity는 전통적으로 늘 필름 부문에 주목해왔다. 그런 칸 라이언즈가 2012년 나이키 퓨얼밴드에 티타늄과 사이버 부문에서 2개의 그랑프리를 선사했다. 광고제의 이름에서 '광고advertising'라는 단어가 빠지고(칸 라이언즈는 2011년에 공식 명칭을 Cannes Lions International Advertising Festival에서 Cannes Lions International Festival of Creativity로 바꾸었다.) 광고가 아닌 '제품'에 상을 주는 이상한 일이 벌어질 만큼, 광고나 마케팅 영역에서의 변화들이 몰아치고 있는 시기다. 그런 면에서 나이키는 다른 기업들보다 먼저 테크피리언스 마케팅을 주도적으로 시작할 만큼 앞서가는 회사다.

나이키 퓨얼밴드Nike+ FuelBand

나이키의 퓨얼밴드는 테크놀로지와 마케팅의 결합을 통해 미래의 마케팅, 브랜딩이 어떻게 변화할 수 있을지를 좀 더 빨리 세상에 보여준 대표적인 사례였다. 한물 간 사례를 왜 보여주나 의아해할 수도 있겠지만 퓨얼밴드는 테크피리언스 마케팅 개념에서 매우 중요한 시작점에 있는 사례다.

사실 퓨얼밴드는 나이키가 만들지 않았다. 이 제품은 나이키의 광고 대행사가 2년 동안 공을 들여 만든 제품이다. 이것은 처음부터 판매를 위해 기획된 것도 아니었다. 이 퓨얼밴드를 만든 대행사는 R/GA다. R/GA는 기존의 광고 대행사들이 전형적으로 진행하던 디지털 광고 캠페인이 아닌 전혀 새로운 형태의 마케팅 솔루션으로서 혁신적인 제품 하나를 들고 나온 것이다.

결국 나이키는 2012년 칸 라이언즈 수상에 이어 2013년 패스트 컴퍼니Fast Company가 선정한 혁신 기업 1위에 선정되었다. 2011년 페이스북, 2012년 애플이 차지했던 최고의 혁신 기업 자리를 IT 분야가 아닌 기업이 차지했다는 사실은 일대 사건이자 매우 상징적인 의미를 가진다. 첨단 제품을 만드는 것뿐 아니라 첨단의 사고방식으로 혁신하는 기업에게 최고의 혁신 기업이란 타이틀을 달아준 것이다.

지금은 애플 워치뿐만 아니라 조본업Jawbone up, 핏비트Fitbit, 헬스온샤인Health-On Shine 등 다양한 웨어러블 디바이스가 비즈니스 모델로 출시되고 있다. 하지만 나이키는 그와 달리 디지털 디바이스가 마케팅 솔루션으로 가능하다는 것을 보여주었다. 테크놀로지가 어떻게 마케팅과 결합하여 제품의 마케팅, 브랜딩에 관여할 수 있는지를 보여주는 사례였다는 데 큰 의미가 있다.

누구나 알다시피 나이키는 애플과 같은 첨단 IT 제품을 만드는 회사가 아니다. 앞서 밝힌 대로 나이키의 퓨얼밴드를 만든 것은 나이키 제품 개발 부서가 아닌 나이키의 광고 대행사 R/GA였다. R/GA는

이제 브랜드는 단순히 우리가 무엇이고 어떻다는 메시지를 전달하는 데 그치는 것이 아니라 고객이 직접 브랜드 가치를 경험할 수 있는 그 무엇이 있어야 한다는 데 있다. 또 하나는 테크놀로지를 통해 예전에는 할 수 없었던 브랜드와 회사의 핵심 제품을 좀 더 잘 활용하거나 돋보이게 만들어주는 역할을 할 수 있다는 것이다. 이제 마케팅도 디바이스에 내장되어야 한다.

왜 나이키의 일반적인 디지털 캠페인 대신 '제품'을 개발했을까? 퓨얼밴드 개발을 주도한 닉 로우Nick Law 최고 크리에이티브 책임자CCO는 "나이키 퓨얼밴드는 일종의 광고 캠페인은 아니지만 우리가 해서는 안 될 일을 한 것도 아니다."라고 이야기했다. "현재 여러 산업 분야에서 일어나는 재밌는 변화를 소비자들이 실감할 기회가 많지 않다. 단지 첨단 기술을 알고 있는 것에서 한 발 더 나아가 이를 직접 소비자들이 사용할 수 있도록 연결하는 고리를 만들고자 했다. 우리는 창조create와 소통communicate이 동시에 가능하기 때문에 퓨얼밴드를 개발할 수 있었다."

R/GA는 퓨얼밴드의 사례와 같이 앞으로는 마케팅 자체가 디바이스에 내장된다고 생각한다. 2013년에 R/GA는 테크스타Techstars와 제휴하여 스타트업 엑셀러레이터 프로그램Startup Accelerator Programs & Funding을 런칭하고 10개의 스타트업 회사에 투자하여 비즈니스 전략부터 디자인, 기술, 마케팅 브랜딩을 돕기로 했다. R/GA는 단순히 기존의 에이전시처럼 광고를 대행해주던 것에서 벗어나 테크놀로지 인사이트를 이용해 컨설팅은 물론 제품의 혁신이나 디지털 서비스 개발 등 비즈니스의 성장을 돕는 더 많은 영역에 기여할 것이라는 생각을 실천하고 있다. R/GA는 미국 광고 업계를 대표하는 양대 매체인 〈애드 위크AD Week〉와 〈애드 에이지Ad Age〉에서 각각 '2014 올해의 디지털 에이전시', '2015 올해의 에이전시'로 선정됐다.

이 회사의 웹 사이트rga.com에 들어가보면 그들이 어떤 생각을 가지고 있으며 앞으로 어떤 대행사가 되고 싶은지를 잘 알 수 있다. 이 사이트에서 우리는 '당신이 R/GA에 대하여 알아야 할 10가지10 things you should know about R/GA'라는 내용을 확인할 수 있다. 이 10가지 내용을 합쳐 보면 단순히 광고 대행사로서가 아니라 새로운 디지털 시대에 새로운 대행사가 해야 할 역할과 그 역할에 따라 R/GA가 지향하는 바가 무엇인지 알 수 있다.

10가지 중 흥미로운 몇 가지 항목을 소개하면 다음과 같다.

1. 소비자가 우리의 세계를 규정한다 The consumer rules our world

우리는 "소비자가 지금 원하는 것은 무엇인가?"라는 질문으로 일을 시작한다. 그리고 그 대답이 이끄는 대로 따라간다. 그건 이커머스 사이트를 만드는 일일 수도, 스토리텔링을 하거나 완전히 새로운 무언가를 만드는 것일 수도 있다.

3. 테크놀로지가 크리에이티브다 Technology is creative

우리는 크리에이티브를 만드는 데 테크놀로지를 이용한다. 매 진행 단계에서 크리에이티브 테크놀로지스트가 함께할 때 진정으로 의미 있는 디지털 작품을 만들 수 있다. 테크놀로지는 아웃소싱이나 마지막까지 기다려서 진행되어서는 안 된다.

4. 빅 아이디어가 변화를 가져온다 The big idea is changing

우리는 디지털에 뿌리를 둔 획기적인 아이디어들을 위해 전통적인 '빅 캠페인 아이디어' 너머를 바라본다. 태그라인이나 짧은 영상들도 각각 역할을 갖고 있다. 그러나 그것들은 우리의 작품을 끌고 가기에는 충분하지 못하다.

6. 우리는 전문가들이다 We've got aptitude
디지털은 전통적인 광고에 비해 더 광범위한 크리에이티브 스킬을 요구한다. 더 정밀한 인터랙티브 사고부터 브랜드 스토리텔링까지. 그렇기에 우리는 업계에서 가장 광범위한 전문가들로 팀을 만들었다.

10. 그리고 우리는 변화를 설계한다 And we're built for change
이건 피할 수 없다. 기술이 발전하면서 소비자 행동은 계속 진화하고 우리의 접근도 진화할 것이다. 그것이 우리가 상당히 유연한 새로운 조직 모델, 크리에이티브 전략과 테크놀로지 간의 항상 변화하는 상호 작용을 중심에 두는 새로운 에이전시 모델을 구현한 이유이다.

테크놀로지가 결국 크리에이티브라는 R/GA의 믿음은 그들이 전통적인 필름 광고가 아닌 나이키라는 브랜드를 새로운 방식으로 경험할 수 있게 하는 디바이스까지 제작하게 했다.

다시 나이키 퓨얼밴드로 돌아오면 이 제품이 갖고 있는 두 가지 의미를 이해해야 한다.

하나는 이제 브랜드는 단순히 우리가 무엇이고 어떻다는 메시지를 전달하는 데 그치는 것이 아니라 고객이 직접 브랜드 가치를 경험할 수 있는 '무언가'가 있어야 한다는 데 있다. 또 하나는 테크놀로지를 통해 예전에는 할 수 없었던 브랜드와 회사의 핵심 제품을 좀 더 잘 활용하거나 돋보이게 만들어주는 역할을 할 수 있다는 것이다.

퓨얼밴드는 그 자체만으로도 소비자들에게 신기함과 재미를 주는 제품이었지만 궁극적으로는 운동하는 즐거움을 선사하는 보조 디지털 디바이스였다. 이용자의 움직임, 활동량, 운동량 등을 체크하고 기록하여 설정된 운동 목표에 도달했는지를 평가하고, 목표를 성취했을 때는 칭찬을, 부족했을 때는 독려를 하기도 한다. 친구들과 서로 얼마나 운동을 했는지 비교해볼 수도 있다. 결국 나이키의 본질인 '운동하는 삶'을 더 재밌게 경험하도록 도와주는 보조 수단으로서 스마트한 역할을 담당하고 있는 것이다.

결과적으로 퓨얼밴드는 나이키의 핵심 제품인 '운동화'를 더 많이 팔기 위해 새로운 소비자 경험을 선사한, 혁신적 마케팅 캠페인, 즉 테크피리언스 마케팅이었다. 이러한 연장선상에서 2014년 나이키가 퓨얼밴드 사업 인력을 구조 조정하며 하드웨어 사업을 축소하겠다고 발표한 것은 퓨얼밴드를 자신들의 핵심 사업 영역이 아닌 마케팅의 영역으로 간주하고 있음을 확인시켜준다. 아직 퓨얼밴드 이후 새로운 혁신적 마케팅 툴을 발표하지는 않았지만 나이키의 퓨얼밴드 캠페인은 테크놀로지가 마케팅 수단으로서 어떤 역할을 할 수 있는지를 잘 보여준 혁신적인 도전이었다.

R/GA의 CEO이자 창업자인 밥 그린버그Bob Greenberg는 〈이코노믹 타임스〉의 기고문에서 "수많은 비즈니스 모델은 실제 제품과 디지털 서비스를 통합하는 데 기반을 두고 있다. 나이키의 퓨얼밴드 사례와 같이 이를 위한 마케팅은 디바이스 그 자체에 '내장'될 것"이라고 이야기했다. 테크놀로지의 발전에 따른 마케팅은 이제 디바이스 안으로 들어가 소비자에게 새로운 경험을 제공하는 형태로 발전, 진화하고 있는 중이다.

아마존 대시Amazon Dash

2014년, 테크놀로지가 어떻게 마케팅을 바꾸게 될지, 그 미래를 보여주는 단적인 사례를 아마존이 다시 한 번 제시했다. 바로 대시가 그것이다.

대시는 가정용 리모컨보다 작은 크기의 디지털 디바이스다. 미국의 IT 매체 〈기즈모도Gizmodo〉가 마법의 지팡이라고 소개하기도 한 대시를 이용하면 아마존 웹 사이트에 접속하지 않은 상태에서도 필요한 상품을 주문할 수 있다. 대시는 와이파이와 연결되고 아마존 프레시Amazon Fresh 계정에 연결되어 상품 바코드를 스캔하거나 음성으로 원하는 물건을 살 수 있다. 예를 들어 우유나 계란과 같은 식료품을 '단지' 말하거나 스캔하는 것만으로 주문할 수 있다. 주문한

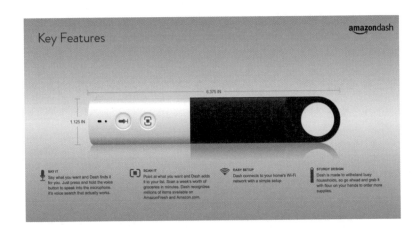

아마존의 대시를 이용하면 바코드를 인식하거나 음성을 통해 아마존 웹 사이트에 접속하지 않은 상
태에서도 필요한 상품을 주문할 수 있다. 대시에는 소비 경험의 획기적인 변화, 더 나아가 유통 시
장의 지각 변동을 꾀하려는 아마존의 야심이 담겨 있다.

상품은 아마존 프레시 서비스와 연동되어 24시간 내에 배송된다. 2015년 현재는 아마존 프레시 서비스가 운영되는 일부 지역에서 아마존의 초대를 받은 고객들만이 파일럿 형태로 이용하고 있다. 곧 일반인에게도 상용화될 것으로 보인다.

아마존 프레시 서비스는 연 299달러에 횟수 제한 없이 식료품을 무료로 당일 아침에 배송 받는 서비스다. 아마존은 아마존 프레시를 설립하여 식료품 배달 사업을 시작했다. 아마존이 직접 운영하는 트럭으로 각종 신선 식품을 배송해주는데 로스앤젤레스와 샌프란시스코에 이어 샌디에이고와 뉴욕 일부 지역까지 서비스를 확대했다.

아마존이 기존에 판매해온 책이나 가전제품과 달리 신선 식품은 유통 기한이 짧기 때문에 유통 시스템이 뒷받침되지 못한다면 불가능한 영역이다. 그럼에도 불구하고 아마존이 식료품 시장에 뛰어든 것은 아마존 고객의 이용 주기를 월 단위 혹은 주 단위에서 일 단위까지 줄임으로써 모든 소비를 아마존에서 해결하도록 하는 소비 경험을 촉진시키기 위해서다.

뒤에 더 자세히 다루겠지만 아마존은 대시에서 그치지 않고 버튼 하나만으로 휴지나 세제같이 주기적으로 소모되는 생필품을 주문할 수 있는 대시 버튼도 선보였다. 아마존이 아직 그들의 미래 전략을 명확히 공개하지는 않았지만 대시나 대시 버튼을 통해 유통 부문에서 혁신적 변화를 꾀하고 있는 것은 틀림없다. 아마존은 배송 시간 때문에 원하는 물건, 바로 사서 써야 하는 물건을 즉시 구매할 수 없는 온라인 쇼핑의 한계를 기술로 극복하고 있다. 대시 버튼과 함께 선보인 DRSDash Replenishment Service는 프린터 잉크 같은 소모품의 잔여량을 알아서 계산하고 떨어질 즈음 자동으로 주문해준다. 굳이 일일이 쇼핑이라는 과정을 거치지 않아도 된다는 의미다.

이것만으로 기술을 통한 쇼핑 경험의 혁신적인 변화가 몰고 올 미래를 정확히 예측할 수는 없을 것이다. 하지만 기술 혁신을 이용한 아마존의 행보는 유통의 지각 변동을 분명히 예상할 수 있게 해준다. 언뜻 보면 그냥 장난감처럼 보이는 이 스마트 디바이스들은 쇼핑의 미래를 넘어 마케팅의 미래를 보여주는 단초이기 때문이다.

"결국 마케팅은 디바이스 자체에 내장될 것이다"

기업이 매출을 올리기 위해 했던 과거의 마케팅은 가격 정책을 조정하거나(Price), 차별적 상품을 기획하거나(Product), 고객을 만나는 장소를 고민하거나(Place), 판매를 촉진하는 것(Promotion)이었다. 귀에 못이 박히도록 들어온 이른바 4P 믹스 마케팅 전략이다. 온라인 마케팅이 보편화되었던 지난 10년을 돌아보더라도 인터넷 쇼핑몰에서 고객의 방문을 높이기 위해 했던 일들은 고객이 물건을 추가 구매하도록 정교한 고객 관계 관리CRM(Customer Relationship Management) 기능을 만들거나 다른 쇼핑몰보다 싼 가격에 물건을 살 수 있다는 광고, 첫 구매나 재구매를 유도하기 위해 쿠폰을 제공하는 등의 할인 이벤트를 하는 것들이었다.

퓨얼밴드와 나이키의 관계처럼 대시 역시 아마존의 핵심 사업 영역인 쇼핑의 가치를 강화시키고 촉진시키는 마케팅 수단이다. 대시의 사례는 과거의 마케팅과 달리 고객에게 좀 더 편리한 소비 경험을 제공해 구매를 촉진시키는 데 테크놀로지가 이용될 수 있다는 것을 보여준다. 대시는 물건을 사기 위해 웹 사이트나 모바일에 접속하고 물건을 고르고 결제를 하는 일련의 일들을 획기적으로 제거함으로써 더 빠르고 간편한 쇼핑 경험을 제공한다. 매일 혹은 며칠만에 주기적으로 필요한 물건을 사기 위해서는 온라인 접속보다는 식료품점을 이용하는 것이 편할 수도 있다. 하지만 대시는 새롭고 편리한 구매 경험을 제공함으로써 이런 고객까지 아마존에 묶어둘 수 있는 강력한 도구가 될 수 있다.

테크피리언스 마케팅은 기술을 이용해 고객에게 새로운 경험을 제공하는 마케팅이다. 여기서 새로운 경험이란 기업의 핵심 상품의 가치를 강화하기 위한 경험을 의미한다. 테크놀로지를 통해 상품의 가치를 더 업그레이드시키거나 상품의 가치를 좀 더 쉽고 편하게 경험할 수 있게 하는 마케팅이다.

퓨얼밴드는 그 자체로서 상품성이 없는 것은 아니었지만 그 시작은 엄밀히 따지면 팔기 위한 상품이라기보다는 나이키 본연의 상품인 운동화(더 넓게는 스포츠 웨어 전체)를 위한 마케팅 수단이었다. 운동화를 신고 운동을 즐기는 본연의 가치를 극대화시키기 위해 테크놀로지를 활용한 것이다. 퓨얼밴드는 기존의 광고나 디지털 마케팅이 하지 못한, 운동하는 즐거움을 극대화시키는 새로운 경험을 제공했다.

아마존의 대시 역시 아마존이 개발한 전자책 리더 킨들Kindle이나 스마트폰인 파이어폰Fire Phone과는 다른 성격의 디바이스다. 대시는 그 자체로 아마존의 수익 모델이 아니다. 대시는 테크놀로지를 이용해 고객에게 조금 더 편하게 아마존 쇼핑몰을 이용하는 경험을 제공함으로써 아마존 본연의 가치인 '쇼핑'을 돕도록 고안된 마케팅 툴이다. 이것은 R/GA의 CEO 밥 그린버그가 이야기한 것처럼 결국 마케팅은 디바이스 자체에 내장될 것이라는 이야기와 맥을 같이한다.

어떻게 마케팅의 존재 가치를 증명할 것인가

테크놀로지가 마케팅의 영역으로 들어오고 있는 것은 사물인터넷이라는 개념이 비즈니스 영역으로 확산되고 있기 때문이다. 각종 사물에 센서와 통신 기능을 내장하여 연결하는 기술을 일컫는 사물인터넷은 이미 많은 책과 언론을 통해 소개되었을 뿐 아니라 실제 상품을 통해 고객의 삶을 변화시키고 있다. 기업은 기존의 사업과 사물인터넷을 바탕으로 새로운 비즈니스의 가치 창출 방법을 고민한다. 스타트업은 기존에 없던 아이디어로 차별화된 시장 진입을 위해 사물인터넷과 같은 새로운 테크놀로지를 연구하고 있다. 퓨얼밴드와 대시의 사례가 보여준 것처럼 마케팅 역시 사물인터넷과 같은 기술을 통해 기존과는 전혀 다른 방식으로 고객 가치를 제공할 수 있는 기회가 충분히 있다.

나이키와 아마존뿐 아니라 이미 스마트하고 발 빠른 기업들은 사물인터넷이 자신의 비즈니스 영역에서 어떻게 마케팅과 접목되어 제 역할을 해낼 수 있는지 다양한 사례를 통해 보여주고 있다. 물론 아직은 비즈니스 모델로서의 영역과 마케팅 모델로서의 영역이 모호한 것 또한 사실이다.

아직까지 기업이 사물인터넷을 이용해 자사 상품의 마케팅을 진행한 사례는 그리 많지 않다. 지금까지의 사례들은 새로운 비즈니스 모델의 가능성을 보여주기 위해 시도된 것들이 더 많다. 하지만 퓨얼밴드나 대시 같은 사례들을 선두로 테크놀로지를 마케팅에 활용하려는 움직임은 분명히 대세가 될 것이다. 테크피리언스 마케팅은 앞으로 마케팅에서 중요한 화두가 될 것이고 마케터들과 마케팅 부서의 존재 가치를 보여줄 수 있는 중요한 기준이 될 것이다.

20년 전 인터넷이 발명되고 많은 닷컴 기업들이 생소한 온라인 비즈니스 모델을 들고 등장했다. 하지만 시간이 조금 지나자 인터넷은 삶의 일부가 되었다. 온라인 비즈니스와는 전혀 무관하게 보였던 기업들 모두 온라인을 마케팅 툴로 받아들여야 하는 데 긴 시간이 걸리지 않았다.

초창기 인터넷이 등장했던 때와 마찬가지로 지금은 사물인터넷을 내세워 새로운 테크놀로지를 비즈니스 모델로 연결 짓기 위한 시도들이 증가하고 있다. 이 때문에 IBM이나 시스코Cisco, 구글과 애플과 같은 IT 기업들이 더욱 민첩하게 움직이고 있지만 인터넷이 그랬듯 사물인터넷 또한 곧 삶의 일부가 될 것이다.

사물인터넷 같은 새로운 테크놀로지와 무관해 보이는 기업들이 기술 변화에 민감하게 대응해야 하는 이유가 여기 있다. 서두에 이야기 한 것처럼 변화의 속도가 훨씬 빨라진 상황이라는 점을 감안하면 자칫 느린 대응 자체가 사업의 몰락으로 직결될 수 있기 때문이다. 적응하지 못하면 도태되고 만다. 마케터 역시 테크놀로지를 알지 못하면 고객의 관심을 끄는 마케팅을 할 수 없는 시대가 올 것이다.

3

마케팅 지능을
업그레이드시켜줄
열쇠

우리가 이 책에서 거듭 강조해 이야기하고자 하는 것은
마케터로서 오늘 바로 무엇을 해야 하고, 또 할 수 있는가에 대한
시급하고 현실적인 제언이다.
3장에서는 마케팅의 주요 영역에서 과거에 어떤 도전과 성과들이 있어왔는지,
테크피리언스 마케팅이 만들어내는 추가적인 혁신은 무엇일지에
초점을 맞춰 이야기할 것이다.
또한 기발한 사례들을 통해 기술의 발전이
전에는 보지 못했던 고객의 내면을 보여줄 수 있으며
마케터에게 고객 통찰의 무기를 쥐어줄 수 있다는 점을 확인할 것이다.

우리는 항상 고객의 마음이 궁금하다

　TV 혁명, 인터넷 혁명에 이어서 마케팅은 새로운 테크놀로지 혁명의 시대를 맞이하고 있다. 앞에서 테크놀로지가 가져올 변화의 파장은 마케팅의 영역을 초월해서 비즈니스 생태계를 뒤흔들 것이라고 이야기했다. 심지어 조만간 우리가 아는 인터넷이 사라질 것이라는 충격적인 선언적 예언들이 들리기 시작한다. 빌 게이츠도 제프 베조스도 새로운 시대가 너무도 선명하게 보여서 입이 근질근질한 모양이다. 이런 예언들은 언제나 처음에는 생경해서 무시하곤 하지만 얼마 지나지 않아서 진지한 토론 주제가 되고, 어느덧 우리 곁에 당연한 현실로 다가오곤 했다. 사물인터넷 시대 또한 그러할 것이다.

　이 책은 미래에 대한 예측서가 아니다. 사물인터넷 기술을 깊이 있게 다루는 기술서도 아니다. 우리가 이 책에서 거듭 강조해 이야기하고자 하는 것은 마케터로서 오늘 바로 무엇을 해야 하고, 또 할 수 있는가에 대한 시급하고 현실적인 제언이다. 이번 장에서는 마케팅의 주요 영역에서 과거에 어떤 도전과 성과들이 있어왔는지, 테크피리언스 마케팅이 만들어내는 추가적인 혁신은 무엇일지에 초점을 맞춰 이야기해보고자 한다.

드루 보이드Drew Boyd와 제이컵 골든버그Jacob Goldenberg는《틀 안에서 생각하기》에서 "진짜 창의력은 기존의 틀 속에서 철저히 고민할 때 발휘된다."라고 주장한다. 회사를 그만두고 벤처를 차리지 않을 거라면, 마케터로서 회사의 프로세스 안에서 테크피리언스를 적용할 줄 알아야 한다. 그러한 방식은 창의력을 제한한다기보다 오히려 틀 안에서 충분한 자유를 제공받을 수 있다. 마케터의 임무는 고객에 대한 통찰을 바탕으로 가치를 창조하고 전달하는 것이다. 첫 번째로 이야기하고 싶은 것은 바로 고객 통찰에 대한 것이다.

마케터로서 우리는 항상 소비자의 마음이 궁금하다. 소비자 분석은 하나의 학문으로, 그리고 산업으로까지 발전해왔다. 설문 조사와 집단심층면접조사FGI(Focus Group Interview)라는 전통적인 방식부터 관찰 조사, 에스노그라피ethnography, 빅데이터 분석까지 소비자의 마음속에 있는 진실을 알기 위한 진지한 노력은 계속되어왔다. 밥 길브리스Bob Gilbreath는《마케팅, 가치에 집중하라》에서 정보를 제공하는 방식과 환경에 따라 소비자 분석의 방법을 다음과 같이 4가지로 구분한다.

	실험실 환경	가공하지 않은 자연스러운 환경
정보 요청	포커스 그룹 온라인 설문 광고 카피 테스트	각 가정 소매처
자발적 정보 제공	이메일 수신자 부담 전화	입소문 인기도 모니터링

　각각의 리서치 방법은 대안 별로 장단점이 있고 나름의 쓸모가 있다. 이 중에서도 '가공하지 않은 자연스러운 환경'에서 '자발적으로 정보를 제공'하는 것이 가장 정확하게 소비자의 마음을 읽을 수 있고 행동을 예측할 수 있다는 점은 대부분 공감할 것이다. 하지만 여기에는 전통적인 리서치 방식이 가지는 한계가 있다. 밥 길브리스Bob Gilbreath는 "전통적인 리서치 방식은 문제가 많다. 전형적인 리서치 과정이 잘 모르는 이들로부터 필요한 답을 얻어낼 수 있는 가장 효율적이고 효과적인 길이라는 우리의 생각은 틀렸다."라고 말한다.

　조사 환경에서 나온 현실 세계의 소비자들은 매우 복잡한 존재들이다. 이런 그들을 인공적인 환경에 몰아넣으면 지나치게 단순화되고 인공적인 결과가 나올 수밖에 없다. 과학에는 베르너 하이젠베르크Werner Heisenberg의 '불확정성 원리'라는 것이 있다. 무언가를 측정하는 행위가 측정되는 대상에 영향을 미친다는 것이다.

예를 들어 실험실에서 어떤 액체의 온도를 재기 위해 온도계를 집어넣는 행위는 극미하긴 하지만 그 액체의 온도를 높일 수 있다. 영향의 정도가 아무리 적다 해도 그때 발생하는 열이 액체 자체의 온도를 올리고 결과적으로 실험을 망친다. 마케팅 리서치를 할 때 우리는 단순히 온도계 정도를 집어넣는 데 그치지 않는다. 액체를 휘젓고, 공중에 집어던지고, 손가락을 집어넣어 빙빙 돌리고, 방사선에 노출시켜 혹시라도 존재하고 있었을지 모를 자연적 통찰을 완전히 걸러내버린다.

어떻게 하면 액체를 휘젓지 않으면서 통찰을 얻을 수 있을까? 과거에는 전통적 리서치에 대한 대안이 부족했다. 부담스러운 자기 공명 장치를 머리에 쓰고 모니터로 질문하고 답변하거나, 어렵게 동의를 구해서 가정집에 카메라를 설치하거나, 직접 방문해서 냉장고를 열어보거나, 아니면 하루 종일 스스로 뭘 하는지 기록해서 보내달라고 하기도 했다. 모두 의미 있고 가상한 노력들이지만 문제는 너무 번거롭고 시간도 많이 든다는 점이다.

테크놀로지의 발전은 혁신적인 해결의 가능성을 보여준다. 액체를 휘젓지 않고도 쉽게 통찰을 얻을 수 있는 가능성을 제공한다. 그전에 보지 못했던 진실을 드러내고, 깊이 숨겨진 소비자의 내면을 보여주며, 말이나 생각이 아닌 행동을 예측하도록 도와준다. 이전에 가지지 못했던 강력한 고객 통찰의 무기를 마케터의 손에 쥐어줄 수 있다.

고객의 잠재된 욕망을 읽는 기술

남들이 보지 못하는 것을 감지하는 것은 엄청난 경쟁력이다. 생명의 진화 역사에서도 새로운 감각 기관은 절대적 경쟁 우위를 가져다주곤 했다. 비둘기는 자기장을 감지하여 수십 킬로미터가 떨어진 곳에서도 방향을 잡는다. 박쥐는 초음파를 탐지하는 능력으로 유명하지만 또한 기압을 느낄 수 있어서 곤충들이 출몰하는 타이밍에 맞춰 어두운 동굴에서 우르르 쏟아져 나온다. 가장 인상적인 것은 코브라다. 코브라는 빛을 감지하는 일반적인 눈 이외에도 적외선과 움직임을 탐지할 수 있는 두 개의 눈을 더 가지고 있다. 적외선 탐지기와 모션 디텍터Motion detector를 장착한 킬러의 모습이다.

마케터들이 새로운 인사이트를 얻었다며 흥분하는 것은, 대부분 그동안은 보이지 않았던 숨겨진 진실의 단면들을 찾아 재조합하고 보니 기존에는 몰랐던 색다른 그림이 그려졌기 때문이다. 탁월한 인사이트에 반드시 새로운 정보가 필요한 것은 아니다. 하지만 새로운 정보는 분명 남들이 전혀 상상하지 못했던 새로운 차원의 사고를 가능케 하는 힘이 있다.

만들어놓은 가설을 확인하는 조사나 두 가지 대안 중에서 하나를 선택하는 조사로는 100번을 해도 불가능한 일이다. 그래서 전통적인 정량 조사에는 맹점이 있다. 겨우 수십 개의 질문으로 가능성을 틀어막고는 얼마 되지도 않는 뻔한 정보들을 분석하는 데 너무 많은 시간을 보낸다. 새로운 정보가 없으니 새로운 답을 찾는 것도 불가능하다.

이러한 단점 때문에 좀 더 개방적인 방식으로 고객의 인사이트를 찾기 위한 조사 방법이 사용되기도 한다. 즉, 집단심층면접조사나 관심집단토론FGD(Focus Group Discussion)과 같이 고객의 목소리를 듣는 방법이나 고객 접점에서 제기된 불만 사항이나 피드백을 세밀하게 분석하는 작업이다. 이런 방법들은 열린 가능성을 차단하는 정량조사보다는 좀 더 생생한 목소리를 들을 수 있다는 장점이 있긴 하지만 여전히 한계가 있다. 고객 조사라는 것을 아는 순간 고객은 고객 본연의 현실성(즉, 진짜 고객의 모습)을 잃고 좀 더 고차원적인, 즉 마케터에 가까운 고객으로 변한다. 뿐만 아니라 여러 사람들 앞에서 자신의 이야기를 해야 하기 때문에 완벽히 솔직해질 수 없다. 이런 이유 때문에 조사 결과를 고객의 진솔한 소리라고 단단히 믿었다가 막상 이것이 반영된 결과물을 보고 실망을 금치 못하는 경우가 빈번하게 일어나곤 한다.

폴 갬블Paul R. Gamble은 《마케팅 발상의 대전환》에서 "사람들은 고객 통찰로 고객이 무엇을 원하는지 알 수 있다고 주장한다. 하지만 실제로 고객 통찰은 고객이 입 밖으로 발설한 내용만을 전하는 데 그칠 뿐이다. 고객이 발설한 것과 실제로 원하는 것 사이에는 차이가 있다. 만일 기업이 제품이나 서비스에 대한 고객의 발설에만 집중한다면 창조력이 질식되고 혁신의 정신이 소멸될 우려가 있다."라고 강조했다. (폴 갬블, 앨런 탭, 앤서니 마셀라, 멀린 스톤, 《마케팅 발상의 대전환》, 2007, 129쪽.)

설문지 답변도 고객의 입에서 나온 의견도 신뢰할 수 없고 인사이트를 구하는 데 도움이 되지 못한다면 마케터들은 도대체 어떻게 해야 할까?

가장 근접해 있는 답은 고객의 행동 패턴을 있는 그대로 관찰하는 접근 방법이다. 관찰 조사는 남들이 보지 못하는 고객을 발견하는 훌륭한 도구가 되는데도 불구하고 여전히 많이 이용되지 않는다. 이유는 간단하다. 설문을 통한 정량 조사나 집단심층면접조사가 훨씬 더 간단하고 보고서로 정리하는 데 유용하기 때문이다. 우울하게도 어쩌면 마케터들에겐 마케팅 인사이트를 찾아내는 일보다 C레벨C-Level들을 설득하기 위한 보고서가 더 중요하기 때문일지도 모르겠다.

사실, 관찰을 통해 마케팅 인사이트를 발견한 사례는 많다. LG전자는 인도네시아에서 에어컨의 마케팅을 위해 사람들의 행동을 유심히 관찰했다. 많은 사람들이 잠자리에 들기 전에 '모기를 잡는 모습'을 보고, 전자파를 쏘아 뎅기열 모기를 퇴치하는 기능을 에어컨에 추

추가했다. 그 후 인도네시아에서는 딸을 시집보내거나 손주를 얻을 때 이 에어컨을 선물로 주는 것이 유행이 되면서 2010년 에어컨 시장 점유율 33%로 1위를 차지했다. (문달주, 《마이크로밸류》, 2013, 195~196쪽.)

　주의 깊은 관찰은 설문지에도 없고 제품에 대한 불만 사항 리스트에도 없는 새로운 가치 창조의 기회를 넌지시 보여준다. 좀 더 적극적인 관찰의 방법은 타깃 고객을 대상으로 커뮤니티를 만들고 그들의 대화를 관찰하거나 자연스러운 피드백을 구하는 것이다.

　필립 코틀러Philip Kotler의 《마케팅 관리론》에 소개된 미국의 해산물 식품 가공 회사 '치킨 오브 더 씨Chicken of the Sea'사는 머메이드 클럽Mermaid Club(이 회사의 로고가 인어이다.)에 8만여 명의 회원을 확보하고 있다. 이 클럽에 가입한 고객은 특별한 제품, 건강에 도움이 되는 중요한 정보와 논문, 신제품에 대한 최신 자료 및 전자 사보 등을 받는 핵심 고객 집단이다. 이에 대응하여, 클럽 회원들은 기업이 현재 행하고 있는 것 그리고 행해야 한다고 생각하고 있는 것에 대한 가치 있는 피드백을 제공한다. 그러면 회사는 클럽 회원들이 제공한 피드백을 참조하여 신제품의 웹 사이트를 디자인하고, TV 광고에 사용할 메시지를 개발하며, 포장의 디자인과 콘텐츠를 만든다.

　이런 사례들은 조사를 통한 이성적인 답변보다는 무의식적인 행동이 더 많은 진실을 보여줄 수 있다는 것을 확인해준다. 그렇다면 테크놀로지는 우리가 보지 못하는 진실을 어떻게 보여줄 수 있을까?

아이시EyeSee 마네킹

이탈리아의 마네킹 제작사 알막스Almax가 제작한 '아이시' 마네킹은 유럽과 미국의 아울렛과 백화점 곳곳에서 활용된다. 알막스는 이 마네킹을 통해 통상 할인 기간의 첫째 날과 둘째 날에는 남성이 여성에 비해 소비를 많이 한다는 것을 발견하고 할인하는 제품의 디스플레이를 바꾸라고 조언했다. 또 오후 시간대에는 방문객의 절반이 어린이라는 것을 발견, '어린이 전용 대기줄'을 따로 만들었다. 특정 문을 열고 들어오는 고객 중 3분의 1 이상이 아시아인이라는 사실을 발견하고 중국어가 가능한 직원을 고용해 해당 입구에 배치했다. (매일경제 기획팀, 서울대 빅데이터 센터, 《빅데이터 세상》, 2014, 80쪽.) 소비자의 행동을 관찰할 수 있는 작은 아이디어와 얼굴 인식 기술을 통해서 그동안 보이지 않던 소비 행동의 단면들이 속속 발견된 것이다.

구글이 모토로라를 인수한 것보다 더 많은 돈을 주고 네스트를 인수한 것도 쉽게 보이지 않는 고객의 행동을 찾아내고 새로운 시장을 만들기 위한 의도 때문이다. 네스트가 가지고 있는 기술도 결국 고객의 움직임을 관찰하는 기술이다. 집 안에 머무르는 고객의 행동을 파악하고 일정한 패턴에 따라 집의 온도를 조절해 최적의 맞춤 온도를 제공함과 동시에 에너지를 절약하는 효과도 거둘 수 있다. 이러한 행동 패턴 분석 기술이 진화를 계속한다면 미래에는 매장을 찾아온 수십 명을 관찰하는 차원이 아니라, 수천만 명이 집 안에서 보

GENDER: FEMALE
AGE: YOUNG
ETHNICITY: CAUCASIAN
and more...

NOW EYE SEE™ YOU!

Almax®
MANNEQUINS AND DISPLAY FORMS

이탈리아의 마네킹 제작사 알막스는 마네킹에 카메라를 부착해 백화점 방문객의 나이와 성별, 구매 패턴 등을 분석했다. 이 결과를 참고로 백화점은 할인 제품의 디스플레이, 직원의 배치 등에 변화를 주어 매출을 크게 끌어올렸다.

이는 다양한 행동을 관찰할 수 있다. 이 행동 데이터를 특정 상황이나 이벤트와 접목하면 한 번도 보지 못했던 인간 행동의 숨겨진 특성들이 발견될 수 있을 것이다.

마케터로서 새로운 기술의 진화에 관심을 두어야 하는 이유는 그동안 궁금했지만 뚜껑을 열고 확인할 수 없었던 소비자 행동의 비밀을 기술이 찾아줄 수 있기 때문이다. 소비자 행동 패턴을 인식하는 기술은 매우 다양해지고 있으며, 이런 기술을 가능하게 해주는 센서가 상용화됨에 따라 가격도 급격히 하락하고 있다. 아이디어와 노력만 있으면 다른 경쟁사들은 모르는 나만의 정보를 통해서 통찰력 있는 승부를 걸어볼 수 있다. 코브라가 적외선을 보고 먹이를 발견하듯 말이다.

◈ 스위트 스팟, 고객과 기업이 가장 가까워지는 지점

즉각적이고 말초적인 만족을 추구하는 현대 사회지만 감동은 여전히 마음속 깊은 곳에 있으며 진실함의 누적에서 나온다. 마케팅에서도 겉으로 드러난 행동의 내면에 있는 깊은 심리를 이해하는 여정에서 커다란 진주를 발견하는 경우가 있다. 소비자의 행동을 예상하고 대응하는 차원이 아니라 무의식의 깊은 장소에 숨어 있는 욕망을 이해하고 접촉할 수 있다. 여기에는 즐거움과 편리함을 넘어서는 감동이 있다.

소비자의 마음을 알기 위해서 그동안 써온 방법은 대화였다. 대화를 가볍게 시작해서 점점 깊은 내면으로 파고들어간다. 마케터라면 리서치 대행사의 좁은 관찰 룸에서 8명 정도의 그룹이 토의하는 모습을 지켜본 경험이 있을 것이다. 능숙한 토의 진행자는 알고 싶었던 질문을 적절한 타이밍에 던져서 대답을 이끌어낸다. 마케터는 거울 뒤에서 "그것 봐 내 말이 맞잖아." 아니면 "생각보다 반응이 별로네." 하면서 흥미진진하게 관전을 하곤 한다. 집단심층면접조사는 준비도 진행도 간단해서 회사에서는 소비자 의견을 한번 들어보라는 말이 곧 몇 그룹 돌려보라는 말과 다르지 않다.

그러나 집단심층면접조사는 군중 심리가 작용한다는 태생적인 문제가 있다. 아무래도 서로 눈치를 보게 되고, 경험이 많아 보이거나 입심 센 사람이 한 마디 던지면 의견이 쏠리게 된다. 자기만의 내면으로 점점 더 깊이 들어가기보다는 즉흥적인 기억이나 느낌을 쏟아내는 여론 조사의 장이 되곤 한다. 그래서 일대일 대화가 비용 대비 효율적이라는 의견도 있다.

유타 대학교 경영대학 교수 애비 그리핀Abbie Griffin과 MIT슬론 경영대학 교수 존 R. 하우저John R. Hauser는 일대일 인터뷰를 8번 진행하는 것이 포커스 그룹 인터뷰를 8번 진행하는 것만큼이나 효과적이라는 결과를 내놓았다. 일대일 인터뷰가 시간과 비용을 크게 절약해준다는 사실을 증명한 것이다. (밥 길브리스, 《마케팅 가치에 집중하라》, 2011, 323쪽.)

집단심층면접조사든 일대일 인터뷰든 둘 다 '말'을 매개로 하므로 내면에서 의식한 것들이 왜곡될 수 있다. 그래서 다른 매개체를 함께 사용해서 좀 더 직접적으로 무의식을 들여다보고자 하는 시도가 있었다. 대표적인 예가 하버드대 경영대학원의 제럴드 잘트먼 교수Gerald Zaltman가 개발한 일대일 심층면접기법인 잘트먼 기법Zalman Metaphor Elicitation Technique이다. 이것은 소비자의 잠재된 욕구를 조사하는 기법인데, 소비자가 본인이 원하는 그림을 가져오면 특정한 방식으로 인터뷰해서 그림을 분석한다. 이 결과를 통해 마케터는 소비자의 무의식 속에 잠재된 필요나 욕구를 알 수 있다.

실제로 세계적인 화학제품 제조 업체 듀폰DUPONT에서는 기본 조사에서 여성의 잠재의식에 숨겨진 니즈(욕구)를 놓치고 있을지 모른다고 생각했다. 그들은 이러한 가정 하에 팬티스타킹을 착용한 여성 20명을 선발하여 잘트먼 기법으로 실험했다. 그 결과 여성들이 '팬티스타킹을 귀찮아한다는 점, 나일론을 좋아하지만 싫어하기도 한다는 점, 그러나 불편함을 감수하더라도 남성들에게 섹시하게 보이고 싶어 한다'는 심리를 읽어냈다. 당시 광고들은 너 나 할 것 없이 직장 여성을 슈퍼 우먼으로 표현했는데, 이 결과가 나온 후에는 여성의 섹시함과 남성을 유혹하는 이미지를 강조했다. 이렇게 콘셉트에 변화를 주자 상당한 성과를 거둘 수 있었다. (이유재, 허태학,《고객 가치를 경영하라》, 2007, 142~143쪽.)

그림보다 더 직접적인 조사 기법은 자기 공명 기술을 통해서 뇌의 활동을 확인하는 것이다. 뇌의 기능이 활발해지는 부위를 관찰함으로써 단순하게 "좋다, 나쁘다."라는 의견이 아니라 조사 대상자가 무의식적으로 어떤 감정들을 떠올리는지 눈으로 직접 확인할 수 있다.

우리는 왜 이토록 고객의 감추어진 내면을 들추려고 할까? 그것은 무의식과 감정이 이성보다 훨씬 강력한 힘을 가졌기 때문이다. 간단한 예로, 스토케Stokke에서는 엄마와 아기가 서로 마주 보는 디자인의 유모차를 출시했다. 대부분의 엄마가 이동하는 것보다 아기와 행복한 시간을 보내고 싶어 하는 심리를 잘 활용한 사례다.

밥 길브리스는《마케팅 가치에 집중하라》에서 통찰의 힘을 보여주는 좋은 사례를 소개한다. 2002년, 페어리Fairy 주방용 세제는 이스라엘에 진출했다. 이스라엘의 주방용 세제 시장은 지난 25년간 콜게이트Colgate 사의 팜올리브Palmolive가 완전히 평정한 상태였다. 페어리는 자사 제품의 우수한 기름 분해 성능을 앞세워 시장을 장악하려고 했지만 생각보다 팜올리브의 시장 지배력을 뚫기가 어려웠다. 페어리는 실패 원인을 분석하면서 소비자가 두 가지 욕구 사이에서 갈등한다는 사실을 발견했다. 하나는 집을 깨끗하게 치우는 것이 가족을

마케터가 가장 궁금해하는 것은 눈앞에 드러나는 고객의 행동 양식이 아니라 그들의 감추어진 욕망이다. 스토케는 엄마와 아기가 서로 마주 보는 디자인의 유모차를 출시했다. 엄마들의 심리를 파악하고 이동하면서도 엄마와 아이가 행복한 시간을 보내고 있다는 만족감을 줌으로써 큰 성공을 거두었다.

사랑하는 방식이라고 믿는 것과 또 하나는 집안일에 매달리지 않고 가족과 오붓한 시간을 보내고 싶어 한다는 점이다. 페어리는 먼저 하루 중 온 가족이 모이는 시간이 주말 저녁이라는 것을 파악했다. 주말 저녁은 온 가족이 모여 함께 시간을 보낼 수 있지만 그만큼 많은 양의 설거지를 해야 하기도 했다. 페어리는 '와서 여기 앉아요!Come sit with us!'라는 캠페인을 시작했다. 먼저 전통적인 TV 광고 대신 기차역에 간이 매장을 설치했다. 그리고 주말 저녁을 가족과 함께 보내기 위해 집으로 돌아오는 대학생이나 군인 등 젊은 사람들에게 세제 샘플을 나눠줬다. 샘플 병에는 어머니에게 보내는 편지가 있었는데, "집에 있는 동안 좀 더 많은 시간을 함께 보내요."라고 쓰여 있었다.

수천 명의 자녀가 페어리와 어머니 사이에서 매개자 역할을 충실하게 수행했다. 덕분에 어머니들은 페어리의 주방 세제를 사용하게 되었고, 세제의 빠른 기름 분해 능력으로 설거지 시간이 짧아져 가족과 보낼 수 있는 시간이 많아졌다. 페어리는 캠페인을 시작한 지 4개월 만에 시장을 장악했다. 그리고 브랜드 인지도, 구매 의사, 최초 상기도Top of Mind 면에서 사상 최고 점수를 기록했다. 그로부터 몇 달이 지나 페어리는 동종 업계 리더로 입지를 굳혔다.

페어리의 사례를 통해 우리는 기업이 소비자를 관찰하고 그들과 소통하여 최종적으로 소비자의 스위트 스팟Sweet Spot(소비자가 기업을 가장 친밀하게 느끼는 심리 타점)을 적절하게 자극하는 것이 얼마나 중요한 일인지 확인했다. 깊은 통찰은 분명 그에 상응하는 보람과 결과를 안겨준다. 그렇다면 테크놀로지는 깊은 통찰을 끌어내는 데 어떤 가능성을 열어줄 수 있을까? 한 가지 분명한 것은 테크놀로지를 통해 소비자가 겉으로 드러내는 행동뿐만 아니라 내면의 감정 상태를 암시하는 정보까지도 얻을 수 있다는 점이다.

하이테크 행복 담요High-Tech Happiness Blanket

2014년 6월, 영국 최대 국제선 항공사인 영국 항공은 탑승객들이 편안한 상태에서 숙면을 취하기에 가장 좋은 때가 언제인지 알아보려고 한 가지 실험을 했다. 먼저 실험에 자원한 탑승객들에게는 하이테크 행복 담요가 제공됐는데 이 행복 담요는 탑승객들의 뇌파를 측정하는 데 사용됐다. 이 담요는 뇌파에 따라 담요의 색상이 변하는데, 이 색상으로 탑승객의 가장 편안한 상태를 파악할 수 있다. 가령 담요가 파란색일 때 탑승객의 뇌파가 가장 안정적이며 빨간색일 때는 그와 반대다. 따라서 담요가 파란색일 때 탑승객이 가장 편안함을 느끼는 상태라는 결과를 도출할 수 있다.

영국 항공은 이 실험을 통해 탑승객의 숙면을 유도하려면 기내의 조도와 좌석의 각도 등은 어떻게 조절할 것인지, 기내식의 종류는 몇 가지를 두고 식사 시간은 언제가 적합하며 어떤 영화 장르가 고객을 편하게 만드는지 등을 조사할 예정이다. 이 조사에서 나온 결

영국 항공은 좀 더 안락한 기내 서비스를 제공하기 위해 탑승객의 뇌파에 따라 색상이 변하는 하이테크 행복 담요로 실험을 했다. 테크놀로지는 이제 소비자가 겉으로 드러내는 행동뿐만 아니라 내면의 감정 상태에 대한 정보까지 얻을 수 있을 만큼 발전했다.

과를 이용해 탑승객이 여행 중 최적의 편안함을 느낄 수 있는 기내 서비스를 개발할 계획이라고 밝혔다.

6장에서 좀 더 자세히 다루겠지만 국내의 스타트업 프라센Frasen은 수면 안대를 개발하고 있다. 이 안대에는 생체 신호의 일부인 수면 뇌파(뇌전도)EEG, 맥파도PPG를 측정하는 센서들이 내장되어 있는데, 이것을 통해 안대를 착용한 사람의 뇌파, 호흡, 심장 박동 수 등의 정보를 파악할 수 있다.

영국 항공이나 프라센의 사례처럼 현재의 기술 수준으로도 사람의 뇌파나 신체의 감각 반응을 이용해 소비자의 상태를 파악할 수 있다. 기존의 조사 방법이 소비자에게 서비스를 제공하고 나서 설문조사를 통해 그들의 만족도를 알아내는 것이었다면, 향후에는 직접 묻지 않아도 그들의 마음을 알 수 있다. 서비스를 경험한 사람의 뇌파와 심장 박동 수만을 가지고도 그 사람의 서비스 만족도를 유추할 수 있을 정도로 기술이 발전했기 때문이다.

소비자의 머리에 센서를 부착하는 작위적인 실험을 하지 않더라도 일상에서 소비자의 심리 상태를 파악할 수 있는 시대가 왔다. 특히 의류 분야에서는 각종 웨어러블 디바이스들을 활용해 사람의 몸과 심리 상태를 파악한다. 가령 소비자의 몸 상태나 기분을 반영하여 메시지를 전시한다거나 각종 센서를 이용해 심장 박동 수나 땀의 성분을 측정해주기도 한다. 이미 언론을 통해 많이 소개된 '폴로 테크

스마트 셔츠Polo Tech Smart Shirt'는 랄프로렌Ralph Lauren이 지난해 선보인 웨어러블 디바이스다. 랄프로렌은 2014년 8월 US테니스 오픈에 공식 스폰서로 참여하면서 볼 보이들에게 스마트 셔츠를 입혔다. 이 셔츠에는 바이오 센서가 내장되어 있어 심장 박동 수, 호흡, 스트레스 정보 등 착용자의 생체 정보를 수집할 수 있다. 또한 착용자가 이 정보를 저장하면 모바일 기기에서 자신의 상태를 확인할 수 있도록 했다.

마케팅에서 고객의 감정이나 잠재된 욕구를 파악하는 것이 중요한 데 비해 리서치 업무에 이러한 기술을 적극적으로 이용한 사례는 아직 없어 보인다. 앞서 언급한 잘트먼 기법으로 사진을 분석하거나 자기 공명 기술로 뇌파를 측정하는 방법이 아니더라도 소비자의 기분을 측정할 수 있는 간단하고도 쉬운 기술들은 많다. 가령, 그룹 토의를 하면서 스크립트를 적고 그때 사람들의 감정이 어떠한지 같이 분석해볼 수도 있다. 소비자에게 상품이나 광고를 보여주거나 마케팅 샘플 프로그램을 진행하면서 반응을 살피고 소비자들의 감정적인 피드백을 색깔로 확인할 수도 있다.

고객보다 한발 앞서서 미래를 보라

뭐니 뭐니 해도 가장 확실한 고객 분석 방법은 행동을 직접 관찰하는 것이다. 빅데이터 시대에는 인과 관계를 모르더라도 상관관계를 안다면 해볼 만한 것들이 아주 많다. 마케팅의 역사가 만들어낸 수많은 단계별 모형들은 혁신적인 기술의 등장으로 때로는 압축되고 때로는 해체되었다. 가장 확실하고 효과적인 통찰은 고객의 행동을 관찰하여 다음 행동을 곧바로 예측하는 것이다. 이것이 가능하다면 그다음 단계에서는 실시간으로 고객과 상호 작용 하면서 온디맨드On Demand(이용자의 요구에 맞춰 필요한 정보만 제공하는 것) 마케팅을 해볼 수 있다.

행동 데이터의 최고봉은 역시 매출 데이터다. 문제는 전통적인 유통 채널에서 개개인의 구매 정보를 파악하기가 어렵다는 점이다. 홈플러스를 비롯한 유통 기업들이 판매 자료를 마케팅과 고객 관계 관리에 사용하려고 노력해온 것은 사실이다. 하지만 대부분의 제조 업체는 다양한 유통 채널에서 얻은 판매 정보를 개인별로 식별할 수 없고 활용하기도 어렵다. 그래서 판매 데이터를 분석하는 팀과 소비자 리서치를 담당하는 팀 사이에 괴리가 생긴다. 앞에서 이야기했듯이, 고객 조사에서는 피상적으로 떠오르는 생각을 이야기하지만, 실제 고객이 매장에서 하는 행동은 예측한 것과 다른 경우가 비일비재하다. 매출 분석과 고객 분석의 결과가 하나의 통찰로 모이지 못하는 것이다.

독자적인 유통망을 가지고 있거나 통신 판매와 같은 비대면 판매를 활용하는 회사의 경우에는 개개인의 구매 정보를 활용할 수 있다. 고객 관계 관리는 소비자가 과거에 구매한 내용이 그들의 미래 구매 행위를 예측할 때 가장 중요한 요소로 작용한다는 가정 하에 고객의 가치를 구분하여 적절한 마케팅 오퍼를 제시한다. 고객 관계 관리는 역사가 길고 IT 기술의 발전과 함께 솔루션도 개선되어왔지만, 실무적으로는 여전히 '교차 판매'와 '해지 방어'라는 매출 목표를 달성하기 위해 기계적으로 프로그램을 사용하는 수준이다. 고객의 욕구를 정확히 이해하고 문제를 해결함으로써 충성 고객을 만든다는 것은 이론적인 이상에 머무르는 경우가 많다. 물론 여기에서 구글과 아마존은 논외다. 그들은 이러한 꿈을 현실로 만들고 또다시 새로운 세상으로 걸음을 내딛고 있기 때문이다.

빅데이터가 화두가 되면서 성공 사례들도 많이 나왔다. 월마트에서는 허리케인이 올 때 구매 패턴을 예측해서 맥주와 딸기 과자를 많이 팔았다. 이 사례를 시작으로, 더 넘버스 닷컴the-numbers.com에서는 관람객들에게 영화 개봉 전에 미리 영화의 수입이 얼마인지 알려주는 서비스를 제공했고 인릭스Inrix는 교통 정보를 활용해서 실적을 발표하기 전에 고객들에게 주식 거래를 지원하는 서비스를 제공해 주목을 받았다. 모두 과거와 현재의 행동을 분석해서 미래의 행동을 예측하려는 시도들이다.

마케팅 지능을 한 단계 업그레이드시켜줄 열쇠

사물인터넷의 발전은 구매 행동 이외에도 훨씬 다양한 행동 정보들을 수집할 수 있게 해주었다. 판매 확률이라는 하나의 정보가 아니라 상품이나 서비스를 얼마나 자주, 어떤 방식으로 이용할지에 대한 정보들도 알 수 있다. 이를 통해서 맞춤형 서비스를 제공할 수 있다.

매직 밴드Magic Band

예를 들어 미국의 디즈니랜드에서는 소비자 서비스를 향상하기 위해 마이 매직 플러스My Magic+ 프로젝트를 진행했는데, 여기에 개인 식별 장치인 매직 밴드라는 웨어러블 디바이스를 도입했다.

날씨가 좋은 주말의 테마파크는 어린이 손님들로 인산인해를 이룬다. 이런 날에는 인기 있는 놀이 기구를 타려면 누구라도 기다려야 한다. 엄청난 숫자의 입장객들이 몰려드니 기업의 입장에서는 이용객에게 제대로 된 서비스를 제공하기가 쉽지 않다. 디즈니랜드는 이 문제를 해결하고 이용객에게 제공했던 기존의 서비스 질을 획기적으로 높이기 위해 한 가지 시도를 했다. 무려 10억 달러를 투자해 매직 밴드라 불리는 전자 팔찌 시스템을 도입한 것이다. 이용객들은 이 매직 밴드를 착용하면 기존의 키 투 더 월드Key To The World라는 카드

디즈니랜드에서 만든 전자 팔찌 매직 밴드. 이 매직 밴드를 착용하면 디즈니 리조트의 객실 열쇠나 입장권, 신용카드가 가지고 있는 기능을 팔찌 하나로 사용할 수 있다. 소비자의 행동 정보를 수집해 서비스 향상에 반영한 성공적인 사례다.

가 가진 기능을 사용할 수 있다. 디즈니 리조트의 객실 열쇠나 입장권, 신용카드가 가지고 있는 기능을 팔찌 하나로 사용하는 것이다. 또한 놀이 기구를 탈 때 패스트 패스Fast Pass를 대체할 수도 있다. 패스트 패스란 이용객이 인기 놀이 기구를 타겠다고 예약하면, 최소한의 시간만 기다렸다가 예약한 시간에 맞춰 놀이 기구를 탈 수 있는 시스템이다. 해당 놀이 기구 앞에서 종이 티켓을 발급받아야만 이용할 수 있었던 패스트 패스는 매직 밴드가 도입되면서 모바일 앱으로 예약할 수 있게 되었다. 덕분에 이용객들은 놀이 기구 앞에서 종이 티켓을 발권하지 않아도 된다. 예약만 해놓으면 탑승할 수 있는 시간을 알려 준다. 하지만 디즈니랜드가 매직 밴드를 도입하면서 10억 달러를 투자한 것은 단순히 이용객들에게 이런 편의 기능만을 제공하기 위한 것은 아니다.

디즈니랜드는 매직 밴드를 이용해 이것을 착용한 이용객이 어떤 행동 패턴을 보였는지 모두 데이터로 수집한다. 수집된 데이터를 통해 개개인에게 맞춤형 서비스를 제공하려는 계획이다. 가령 A라는 어린이가 매직 밴드를 차고 있다면 어떤 놀이 기구를 몇 번 탔는지, 어떤 음식을 즐겨 먹었는지, 테마파크는 얼마나 자주 방문하는지, 생일은 언제인지, 디즈니 캐릭터 중에 가장 좋아하는 것은 무엇인지, 어떤 인형을 구입했는지 등 모든 행동을 추적할 수 있다. 이러한 데이터들이 계속 쌓이면 향후 어린이들에게 맞춤형 서비스를 제공할 수 있다. 캐릭터 인형 탈을 쓴 사람이 생일을 맞이한 어린이에게 작은 선물을 주거나, 아이가 지나가는 곳에 간판을 세워 생일 축하 메시지를 적어두는 이벤트를 기획할 수도 있다. 이렇게 빅데이터를 분석하여 다양한 이벤트를 시험 운영한 결과 이용객 수가 40%나 늘었다.

이 사례를 통해 알 수 있듯이 디즈니랜드는 첨단 기술을 동원해 새로운 놀이 기구를 만든 것이 아니었다. 기존의 놀이 기구를 그대로 이용하되, 취합한 데이터를 분석하고 그 결과를 토대로 간단한 기술을 적용했을 뿐이다. 덕분에 어린이들에게 맞춤형 서비스를 제공할 수 있었고, 어린이들은 감동했다.

디즈니랜드는 어린이들의 테마파크 경험을 강화해 다시 오고 싶은 욕구를 자극하는 데 성공했다. 디즈니랜드가 투자한 10억 달러는 테크피리언스 마케팅의 전형이지만, 아이들이 컴퓨터 게임과 영상에 빠져 집 밖으로 나오지 않는 현상이 심각해지고 있는 상황을 고려한다면 그들에게는 생존을 위한 대안이기도 하다.

사실 기업의 내부에는 고객 데이터베이스, 판매 실적 자료, 서비스 응대 내역, 인터넷 방문 기록 등 이미 빅데이터가 존재한다. 다만 이런 데이터들을 상황의 맥락에서 분석하고 미래의 행동을 예측하는 분석 능력이 미비하다. 마케터로서 가장 먼저 사내에 어떤 정보들이 있는지 확인해볼 필요가 있는데, 확인하더라도 대개 정보들이 이곳저곳에 산재해 있어서 통합하여 분석하기 어려운 상태인 경우가 많을 것이다. 정작 꼭 필요한 정보가 없거나 데이터의 질이 나쁠 수도 있다. 그럼에도 요일, 시간, 날씨, 이벤트 등과 연관시켜서 분석을 하다 보면 미래의 판매를 예측할 수 있는 작은 단서들을 찾을 수 있을 것이다. 파리바게트는 27℃ 이상의 맑은 날씨에 샌드위치가 잘 팔린다는 힌트를 얻었고, 편의점 씨유cu가 25~35℃ 날씨에는 아이스크림이 잘 팔리고 더 더울 때는 음료 매출이 늘어난다는 것을 발견한 것처럼 말이다. (매일경제 기획팀, 《빅데이터 세상》, 2014, 86쪽.)

더 나아가 사물인터넷 기술을 활용하면 소비자가 제품이나 서비스를 어떻게 구매하고 사용하는지 좀 더 자세하게 이해할 수 있는 추가 정보를 얻을 수 있다. 최근에는 침대와 방석에도 센서를 장착해서 사용 패턴을 정밀하게 분석할 수 있고, 식·음료품이나 의약품의 경우도 소비자가 섭취하는 패턴을 파악할 수 있다. 소비자가 제품을 사용하는 정보는 제품 개발뿐만 아니라 이후 소비자에게 어떤 제품을 추천하고 어떤 부가적인 서비스를 제공할지 결정하는 좋은 정보가 될 수 있다.

인간의 두뇌는 기존의 뇌가 가지고 있는 기능을 없애거나 변형시키지 않고 그 위에 신피질을 덮어씌우는 방식으로 진화해 왔다. 같은 맥락에서 테크놀로지가 고객을 이해하고자 고민했던 흔적들을 지우거나 대체한다고 생각하지는 않는다. 우리는 여전히 소비자들에게 묻고, 그들과 대화하고, 그들을 관찰할 것이다. 새로운 정보를 계속 탐색하고, 무의식에 숨어 있는 진실을 궁금해하고, 다음 행동을 예측하고자 할 것이다.

다만 테크놀로지는 전통적인 데이터 수집 방법에서 도출한 결과와 고객의 행동이 일치하지 않았을 때 우리가 느꼈던 답답함이나 어느 정도 수준이 되면 절충하고 만족해야 했던 아쉬운 상황들을 해소할 가능성을 제시해준다. 훨씬 저렴해지고 대중화되고 있는 사물인터넷과 빅데이터를 분석하는 기술은 우리의 지능을 한 단계 업그레이드시켜줄 것이다.

마케터로서 우리는 고객 분석을 통해 그들의 미래 행동을 예측할 수 있다는 것, 즉 통찰에 관한 믿음이 있어야 한다. 이것이 아이디어의 원천이다. 통찰이 고객과 진정으로 소통하고 감동을 주는 열쇠가 될 것이다. 테크피리언스의 힘을 그 믿음에 접목하자. 새로운 센싱 기술을 어떻게 조사 기법에 활용할지 고민하기보다는, 통찰을 얻는 강력한 신무기로 테크놀로지를 사용해야 함을 잊지 말자. 얻고자 하는 통찰에 기술을 매칭하자.

4

혁신을 위한
혁신에
매달리지 마라

세스 고딘은 "힘들고 위험한 기술 혁신에는 매달리지 마라.
그만큼 보상해줄 만한 성과를 얻을 가능성이 별로 없다."라고 말했다.
이제 기업은 제품 자체의 성능을 향상시키는 대신
제품에 독특한 경험 요소를 추가하거나,
기존의 범주에서 탈피해 수평적인 기술 혁신을 추구하는 전략을 고민해야 한다.
바로 여기에 제품의 핵심 이점을 강화할 가능성이 남아 있다.
테크놀로지를 단순히 제품의 성능을 개선하려는 목적으로 이용하는 것이 아니라
다차원적인 측면에서 제품을 확장하는 요소로 보고 활용하는 것이다.

차별화하지 말고 극단으로 가라

18세기에 증기 기관은 깜짝 놀랄 만한 테크놀로지임과 동시에 산업 혁명의 결정적 촉매제였다. '혁신' 하면 먼저 떠오르는 것이 IT 기술이지만, 사실 기술은 자동차 엔진에도, 식품의 맛에도, 세제의 세척력에도, 의약품의 효능에도 접목돼 있다. 기업이 속한 산업과 규모에 상관없이 기술력은 가장 원천적인 경쟁력이 되는 경우가 많다.

너무도 자명한 일이라서 새로울 것이 없는 이야기다. 한 가지를 빼면 그렇다. 이제 더는 기술이 연구소에만 속해 있지 않다는 점이다. 전통적인 R&D는 엄청난 자본을 투자해 철저한 대외비로 관리했다. 그러나 테크피리언스를 지원하는 신기술들은 여러 분야에 널리 쓰일 수 있고 비용 부담도 적어서 마케터들의 도구가 될 만하다. 마케터의 손에 들린 테크놀로지는 산업의 경계를 넘나들면서 다양하고 흥미진진한 아이디어로 실현된다. 이번 장에서는 그중에서 제품의 가치를 혁신하는 모습을 살펴볼 것이다.

브랜드의 차별화는 마케터에게 부여된 사명과 같은 것이지만, 갈수록 어려워지는 수학 과목과도 같다. 물론 처음부터 어려웠던 것은 아니다. 처음에는 제품의 종류가 적었고, TV 광고도 잘 먹혀서 구구단을 외우는 수준 정도로 쉬웠다. 문제는 비슷비슷한 제품들이 많아지고, 매체의 종류도 늘어나면서부터다. 러시아 생리학자인 이반 페트로비치 파블로프Ivan Petrovich Pavlov가 개를 데리고 실험했던 환경과 지금은 딴판이 되었다. 기업들은 효력이 떨어진 신상품과 매체비로 경쟁하는 방법을 여전히 버리지 못했다. 문영미 교수는 《디퍼런트》(2011)에서 이러한 현실을 다음과 같이 강조하고 있다.

카테고리가 성숙하다고 해서 다양성이 확보되는 것은 아니다. 오히려 그 반대다. 카테고리가 성숙할수록, 즉 카테고리 내 브랜드와 제품의 수가 증가할수록, 제품 간의 차이는 점점 좁아지다가 나중에는 구별하기 힘든 지경에 이른다. (…) 열성적인 소비자들마저도 카테고리 내부의 제품들을 비교하는 과정에서 차이점을 발견해내지 못하는 단계에 접어들었다면, 그 카테고리는 극단적인 진화의 단계에 이른 것이다. 그러한 경우, 소비자들은 아주 단순한 기준으로 제품을 선택하게 된다. 이 시점에 제품 간의 미묘한

차이를 느끼는 소비자들의 비중은 더욱 급격하게 줄어드는 반면,
모든 제품이 비슷비슷하다고 생각하는 소비자들의 비중은 급격하
게 증가하게 된다.

현대의 산업 카테고리 중에서 포화되지 않는 곳이 얼마나 되겠
는가? 대부분의 산업은 문영미 교수가 이야기하는 극단적인 진화의
단계에 도달했고, 대부분의 마케터들은 그 성숙한 산업의 현장에서
일하고 있다. 세스 고딘Seth Godin은 "차별화를 시도하지 말고 극단까지
가라."라고 외쳤고, 필립 코틀러는 "수직형 사고에서 수평형 사고로
전환하라."라고 주장했다. 마케터들은 범용화의 덫에서 빠져나오기
위해 치열하게 고민했지만 손에 잡히는 것은 많지 않았다. 하지만 테
크피리언스는 그 가능성을 줄 수 있다. 마케터가 기술을 주목하고 배
워야 하는 이유가 여기에 있다. 우리는 테크피리언스를 통해 제품의
기능을 또 한 번 업그레이드할 수 있다.

제품이 제공하는 가치는 고객 가치 계층으로 나누어서 생각할
수 있다. 제품의 근본적인 이점을 형성화한 기본 제품과 고객의 기
대를 넘어서 욕망을 충족시키는 확장 제품으로 크게 구분해볼 수 있
다. (필립 코틀러, 케빈 레인 캘러, 《마케팅 관리론》, 2012, 456쪽.)

새로운 카테고리가 생성되면 제품들은 기본적인 기능으로 경쟁
한다. 하지만 점차 제품이 비슷해지면 제품의 기능뿐만 아니라 총체

적인 차원에서 여러 가지가 경쟁의 평가 요소가 된다. 경험도 그중의 하나다. 물론 시간이 더 흘러서 확장 제품의 경쟁도 포화 상태에 이르면 문영미 교수가 이야기한 것처럼 모든 제품이 다 비슷비슷해 보이는 상태에 이른다.

🔹 기술에 대한 관점을 넓히면 다른 것들이 보인다

테크피리언스는 기본 제품, 확장 제품 그리고 이를 넘어서 수평적인 신제품 개발 영역에서 혁신적인 도구로 활용할 수 있다. 포화되고 정체된 산업에 '고객 경험'이라는 새로운 요소로 다시 한 번 활력을 불어넣을 수 있는 절호의 기회이기도 하다. 물론 이를 위해 마케터가 연구소로 들어갈 필요는 없다. 자리에 앉아서도 혁신의 불꽃을 만들어낼 수 있다. 마케터가 테크피리언스를 자신의 도구로 활용할 수 있는 세 가지 기회를 하나씩 살펴보도록 하자.

기술이 발달하는 속도가 빨라지면서 제품, 회사, 심지어 전체 산업에서 '창조적 파괴Creative Destruction'(낡은 것은 도태되고 새로운 것이 창조되는 것)의 속도도 빨라졌는데, 기술은 동일한 방식으로 변화하거나 발달하지 않기 때문에 우리는 이러한 변화를 거의 예상할 수 없으며 문제들도 제대로 파악하지 못한다. 피터 센게Peter Senge는 "현대의 비즈니스는 테크놀로지를 갖춘 카지노처럼 운영된다."라고 말했다. 카지노는 상금의 액수가 높아질수록 참가자뿐만 아니라 게임의 규칙들도 수시로 바뀌거나 고도화된다. 전체적으로 현대 비즈니스 역시 옛날의 반복적인 제조 산업 공장보다는 테크놀로지를 갖춘 카지노처럼 운영된다. 이런 환경에서는 과거의 경험을 바탕으로 결정을 내리는 일이 더는 현명하게 여겨지지 않는다. (피터 센게 외, 《미래, 살아 있는 시스템》, 2006, 113쪽.)

카지노에서는 상대가 나의 패를 읽는 순간 내가 진다. 기업들이 과거에 활용했던 신상품 성공의 법칙들은 이제 그 효력을 잃고 있다. 대표적인 예가 제품 성능을 좀 더 개선하려는 연구 개발 분야의 노력이다. 과거에는 제품의 근본적인 기능을 향상시킴으로써 눈부신 성공 신화를 만들었지만 이제는 그것만으로는 역부족이다. 예를 들면 면도기 브랜드 질레트Gillette의 경우가 그렇다. 질레트는 1930년 '블루 블레이드Blue Blade'를 선보인 이후, 1971년에는 세계 최초로 이중 날 면도기 '트랙2'를 출시했고, 1998년에 삼중 날 면도기 '마하3'을 출시했다. 그리고 불과 몇 개월 만에 더 많은 날이 장착된 제품들을 시장에 내놓았으며, 타원형의 면도날을 장착한 여성 전용 면도기인 '비너스'를 출시했다.

질레트는 업계의 리더로서 '면도날'이라는 면도기 제품의 근본적인 성능을 끊임없이 향상시켜왔고 이러한 개발 방법이 소비자에게 통했다. 그러나 이제는 엄청난 연구 개발비를 투자한 것에 비해 혁신의 이점을 누리는 시간이 점점 짧아지고 있다. 어느 지점에 이르면 진퇴양난에 봉착할 것이다. 결국 제품의 근본적인 기능만을 향상시키는 방법은 한계가 있다는 뜻이다. 특히 추가로 확보할 수 있는 시장의 크기가 작아진 상황에서 대규모의 투자를 감행하는 것은 비용 대비 효율성이 너무 낮다. 그렇다고 저가 전략을 펼쳐서 오랜 기간 공들여온 주력 시장을 공략하는 '창조적 파괴'의 전략을 선택하는 것도 쉽지 않다.

한 가지 예를 더 들어보자. 제약 업계는 특히 연구 개발 분야의 경쟁이 치열하다. 스콧 앤서니Scott D. Anthony는 《파괴적 혁신 실행 매뉴얼》에서 인슐린을 놓고 벌이는 세계적인 대기업 엘리릴리Eli Lilly와 훨씬 작은 규모의 덴마크 기업인 노보노디스크Novonordisk의 사례를 소개하는데, 요약하면 다음과 같다.

역사상 인슐린은 소와 돼지의 췌장에서 추출했다. 인슐린 제조 업체들은 당연히 인슐린의 순도를 높이는 방향으로 경쟁해왔다. 특히 엘리릴리는 이 경쟁을 주도하면서 불순물 수치를 0.001%까지 낮췄다. 하지만 동물의 인슐린은 인간의 인슐린과 미세하게 달랐고, 당뇨병 환자 중 1%는 거부 반응을 보였다. 엘리릴리는 인슐린의 순도를 100%로 만들려고 약 10억 달러를 투자해서 연구 개발했고, 마침내 제품화에 성공했다. 그들이 제품화한 인슐린은 사람의 인슐린이란 뜻의 '휴물린Humulin'으로, 1982년에 다른 제품보다 25%나 비싼 가격으로 출시되었다. 그러나 이렇게 질 높은 제품을 내놓았음에도 시장의 반응은 무덤덤했다. 사실상 거부 반응을 일으킨 1%의 특수한 환자를 제외하면 대부분 환자들에게는 기존의 인슐린 제품이 잘 맞았고 이에 큰 불만을 품지 않았던 것이다.

반면에 덴마크의 인슐린 제조 회사 노보노디스크는 인슐린 자체의 품질을 높이는 대신 사용 방법의 측면에서 제품을 개발했다. 손쉽게 인슐린을 투여할 수 있는 펜 제품을 개발했는데, 사용자 혼자서도 10초면 충분히 인슐린을 투여할 수 있다. 30%나 비싼 가격을 책정했는데도 불구하고 노보노디스크 제품의 시장 반응은 좋았고, 회사는 높은 수익을 냈을 뿐만 아니라 업계 점유율도 비약적으로 끌어올렸다.

질레트가 면도날의 기능을 강화하고 엘리릴리가 인슐린의 순도를 높여서 제품의 품질로 경쟁하려고 한 것은 사실상 그 업계에서는 오랫동안 지켜오던 규칙이었다. 그러나 기술적으로 품질이 일정 수준 이상 향상하면 소비자들은 제품의 질에 큰 관심이 없다. 이미 어느 정도 제품에 대해 만족하고 사실상 변화에 큰 차이를 느끼지 못해서다. 세스 고딘도 "힘들고 위험한 기술 혁신에는 매달리지 마라. 그만큼 보상해줄 만한 성과를 얻을 가능성이 별로 없다."라고 말했다. 이제 기업은 제품 자체의 성능을 향상시키는 대신 제품을 '넓은 의미'로 확장해야 한다. 독특한 경험 요소를 추가하거나, 기존의 범주에서 탈피해 수평적인 기술 혁신을 추구하는 전략을 고민해야 한다.

물론 여기서 말하는 기술 혁신은 제품의 성능을 결정하는 구성 요소로서의 기술이 아니라 소비자가 사용하면서 경험한 '문제'를 해결하는 솔루션으로서의 기술을 의미한다. 기술을 바라보는 관점을 넓히면 다른 것들이 보이기 시작한다. 바로 여기에 제품의 핵심 이점을 강화할 가능성이 남아 있다. 테크놀로지를 단순히 제품의 성능을 개선하려는 목적으로 이용하는 것이 아니라 다차원적인 측면에서 제품을 확장하는 요소로 보고 활용하는 것이다. 몇 가지 사례를 살펴보자.

이것은 신제품이 아닌 '신제품'이다

겨울철 외출하고 돌아왔을 때 냉기 때문에 썰렁해진 방에 들어가면 무슨 생각이 드는가? 한 번쯤 자신이 돌아오기 전에 미리 따뜻하게 방을 데워 놓는 인공 지능 보일러를 상상할 수 있다. 또 장시간 집을 비울 때 보일러를 껐는지 안 껐는지 기억나지 않을 땐 어떤가? 당연히 우리는 불안하고 걱정한다. 기술은 항상 인간의 불편함을 해결하는 쪽으로 발전해왔다. 보일러 역시 마찬가지다. 우리가 보일러를 사용하면서 느꼈던 불편함과 걱정은 보일러 자체의 성능을 향상시키는 것을 넘어서 좀 더 다양한 경험을 할 수 있는 스마트 보일러를 출현시켰다.

경동나비엔이 선보인 '나비엔 스마트 톡' 서비스는 언제 어디서나 스마트폰만 있으면 보일러를 조절할 수 있다. 보일러의 핵심 가치를 지키면서 동시에 소비자가 기존에 느꼈을 법한 불편함과 걱정을 덜어준 것이다.

경동나비엔은 사물인터넷 기술을 활용하여 스마트폰으로 보일러의 기능을 제어하는 '나비엔 스마트 톡' 서비스를 선보였다. 스마트폰을 이용하면 우리는 언제 어디서나 보일러를 켰다 끌 수 있고 온도를 조절하거나 난방 시간을 예약할 수 있다. 외출했다가 돌아오기 전에 미리 방 온도를 높일 수 있고 외출할 때 깜빡하고 보일러를 끄지 않았다면 외부에서 끌 수도 있다.

린나이코리아의 스마트 와이파이 보일러는 최대 10명이 1대의 보일러를 동시에 원격 제어할 수 있다. 린나이코리아와 귀뚜라미의 보일러는 기존의 제품을 바꾸지 않고 온도 조절기만 교체하면 사용할 수 있다.

이 제품들은 겨울철 실내를 따뜻하게 만들어주는 보일러의 핵심 가치를 가지면서 동시에 소비자가 기존의 제품을 사용하면서 느꼈던 불편함과 걱정을 덜 수 있도록 새로운 경험을 제공한다. 언뜻 보면 사물인터넷 기술과는 크게 상관없어 보이지만 보일러에 기술을 접목해 고객의 경험을 강화하여 고객에게 큰 사랑을 받고 있다.

펩시 스파이어Spire

또 하나의 사례를 보자. 음료수의 경쟁력은 맛이다. 그래서 제조 업체는 음료수의 맛을 개발하고 연구하는 데 많은 비용을 투자한다. 하지만 코카콜라의 뉴 코크New Coke(펩시와의 경쟁에서 이기려고 기존 코

기존 자판기와 달리 터치스크린이 부착된 펩시 스파이어는 음료의 맛을 조합하여 새로운 맛의 음료수를 직접 만들 수 있다. 소비자가 기호에 따라 새로운 음료를 맛볼 수 있도록 경험을 제공하는 것이다.

카콜라 맛을 버리고 펩시의 제품과 유사하게 만들어 단맛은 높이고 톡 쏘는 맛은 줄임.) 실패 사례에서도 알 수 있듯이 갑자기 제품에 변화를 많이 주면 기업도 부담되고 소비자도 거부 반응을 보인다. 반대로 펩시는 새로운 맛을 개발하기보다 테크놀로지를 이용해 고객이 원하는 음료를 직접 만들어 마실 수 있게 했다. 2014년에 펩시는 수백 가지가 넘는 종류의 음료를 만들 수 있는 새로운 음료 자판기를 출시했다. 이 새로운 음료 자판기의 이름은 스파이어다. 이 자판기는 기존의 자판기와는 달리 터치스크린이 부착되어 있다. 고객은 원하는 음료의 맛을 선택하고 스크린을 조작하여 직접 음료를 조합할 수 있다.

펩시의 이 새로운 음료 자판기는 그간 코카콜라가 브랜드 캠페인으로 진행한 수많은 디지털 자판기 캠페인을 비웃는 듯하다. 사실 코카콜라의 브랜드 캠페인은 대중에게 '행복'이라는 브랜드 키워드를 각인시키려고 코카콜라 본연의 제품과 연관된 경험보다 연출된 행복에 더 집중했다. 그러나 펩시는 코카콜라와 차별점을 두려고 테크놀로지를 통해 자신들의 제품 경험을 강화했다. 이 자판기를 이용하는 고객은 펩시의 제품인 콜라나 닥터 페퍼, 마운틴 듀와 같은 제품에 딸기, 바닐라, 오렌지 등 9가지 맛 중에서 원하는 맛을 첨가하여 기존에는 없었던 새로운 맛의 음료를 만들 수 있다. 예를 들면 소비자들은 바닐라 페퍼, 마운틴 레몬처럼 자신만의 음료를 만들 수 있다. 물론 경쟁사인 코카콜라가 2009년에 내놓은 프리 스타일 음료 자판기도 음료를 혼합해서 마실 수 있지만, 펩시의 스파이어는 고객이 훨씬 더 자신에게 맞는 음료를 찾아낼 수 있도록 도와준다.

이미 펩시 스파이어를 이용해본 사람들은 자신만의 레시피로 만든 음료수에 이름까지 붙여 경험을 극대화하고 있다. 예를 들면 체리 곤 와일드Cherry Gone Wild(체리 닥터 페퍼Cherry Dr. Pepper, 체리 시에라 미스트Cherry Sierra Mist, 체리 펩시Cherry Pepsi를 조합함.)나 오버킬The Overkill(체리 맛 마운틴 듀 Mountain Dew Cherry, 바닐라 맛 마운틴 듀Mountain Dew Vanilla, 시에라 미스트Sierra Mist를 조합함.)처럼 말이다. 펩시는 젊은 소비자들이 '개성을 중요하게 생각' 한다는 것을 알고 음료로도 개성을 표현할 수 있게 만들었다.

'몇 가지 맛의 음료로는 소비자의 입맛을 다 만족시킬 수 없다'는 문제의식에서 출발한 펩시는 자사의 기본 제품에 여러 가지 맛을 혼합할 수 있게 하여 기존의 제품이 가지고 있던 약점을 보완했다. 더불어 소비자에게는 자신이 원하는 맛의 음료를 직접 만들어보게 하는 경험까지 제공했다.

이제껏 제품을 생산할 때는 소비자가 어떤 제품을 원하는지 연구하고 나서 최대한 많은 사람이 좋아하는 공통분모를 찾는 데 주력했다. 하지만 이렇게 제품을 일반화해서 대량 생산하다 보니 소수를 위한 주문 제작 제품을 생산할 때는 그만큼 비싼 값을 받을 수밖에 없는 구조였다. 어쩌면 펩시 스파이어는 테크놀로지를 이용해 소비자가 원하는 제품을 스스로 만들 수 있도록 플랫폼을 제공한 모델의 전형을 제시한 사례일 수도 있다.

⬢
성능이 아닌 주고 싶은 경험을 상상하라

여전히 제품의 핵심 속성을 개발하고 제품 생산에 관여할 수 있는 것은 연구 부서와 상품 기획팀의 몫이다. 마케터가 직접 개입할 여지가 상대적으로 적은 것이 사실이다. 하지만 반대로 생각해보라. 연구실에 있는 사람들은 과거에 얽매여 원천 기술에만 몰두하고 있을 가능성이 크다. 그들은 마케팅 관점에서 소비자의 문제를 해결하고 소비자의 욕망을 충족시킬 수 있는 대안들을 생각하기가 쉽지 않다. 점점 어려워지는 제품의 품질 경쟁에서 살아남으려면 마케터가 먼저 새로운 돌파구를 만드는 힌트를 제공할 수도 있다. 테크놀로지를 갖춘 카지노에서는 기술자만이 아니라 마케터들도 활약해야 하기 때문이다. 물론 아이디어를 실현하는 과정에서는 함께 협력한다.

LG전자의 '메카 인디케이터 폰Mecca Indicator Phone'은 중동 사람들이 메카를 향해서 절할 수 있도록 나침반 기능을 넣어서 소비자의 엄청난 반응을 얻었고, 올림피아Olympia의 롤링 백팩Rolling Backpack은 배낭 밑에 바퀴를 단 아이디어로 선풍적인 인기를 끌었다. 올리소Oliso가 출시한 오토 리프트Auto-Lift 다리미는 센서를 이용해 다리미의 열판과 다리던 옷 사이에 간격을 벌리는 기능이 장착되어 화제를 모았다.(사용자가 손잡이에서 손을 떼면 센서가 이를 감지하여 다리미 아랫부분에서 작은 다리가 나온다. 다리미의 열판과 다리던 옷 사이의 간격이 벌어져 있어서 깜빡하고 다리미를 옷 위에 올려놔도 옷이 그을리는 일을 예방할 수 있다.) 이외에도 멋진 통찰과 기발한 발상으로 제품에 독특한 가치를 더하여 성공한 사례들이 많다.

사실 제품에 가치를 더하는 것은 테크피리언스의 주 종목이라고 할 수 있다. 제품의 핵심 성능을 높이는 것보다 훨씬 자유로운 측면에서 생각하기 때문에 창의적인 아이디어가 많이 나온다. 기술은 매일 새롭게 등장하기 때문에 우리는 소비자의 경험을 상상하면서 다양한 신기술들을 접목해볼 수 있다. 즐거움, 편리함, 감동의 경험을 제품에 불어넣어서 소비자가 기존의 제품에서 체득하지 못한 신선한 매력을 느낄 수 있게 한다. 먼저 하나의 사례를 보면서 이야기하는 것이 좋겠다.

필립스 휴Hue

필립스Philips는 LED 조명에 테크놀로지를 접목한 휴Hue를 런칭하여 사용자가 조명을 사용할 때 좀 더 특별한 경험을 하게 했다. 휴는 앱을 이용하여 집 안의 조명 색을 1600만 가지로 표현할 수 있는 조명 시스템이다. 이 휴 시스템은 전구와 앱을 연결하는 브리지를 통해 조명을 제어하고, 브리지를 인터넷에 연결하면 최대 50개의 전구를 연결하거나 제어할 수 있다. 지금까지 집 안에서 사용하던 조명은 대개 백열등처럼 흰색이나 노란색 정도로만 표현되거나 조도를 조절할 수 있는 정도였다. 그런데 필립스의 휴 시스템이 나오자 사용자는 단순히 어둠을 밝히는 것이 아니라 자신의 기분이나 처한 상황에 따라 조명의 색상을 자유롭게 조절하여 분위기를 전환하는 경험을 하게 되었다.

사용법도 간단하다. 필립스에서 제공하는 스마트폰 앱을 이용해 사용자가 원하는 색상을 선택하면 조명도 자동으로 변한다. 만약 석양이 질 때의 색을 구현하고 싶을 땐 스마트폰에 있는 석양 사진을 선택한 뒤 사진의 색상을 손가락으로 움직이면 전구가 해당 색상으로 변한다. 물론 조명의 전원을 제어하는 기능은 기본으로 제공된다. 온라인 자동화 서비스인 '이프트|FTTT(If This Then That)서비스'와 연동하면 조명을 통해 자동으로 중요한 이메일을 받거나 날씨가 바뀌는 상황도 알 수 있다. 날씨 앱을 이용하여 조명 색을 설정하면 아침에 비가 오는 것을 알 수 있고 깜빡이도록 설정해놓으면 창밖을 보지 않고 조명만으로도 비가 오는 것을 알 수 있다.

같은 방법으로 메시지나 소셜 미디어 업데이트 소식이 들어올 때도 조명으로 알 수 있다. 페이스북의 글에 새로운 댓글이 올라왔을 때 조명을 파란불로 깜박이게 설정하는 식이다. 또, 휴 디스코 Hue Disco라는 앱을 이용하면 음악의 박자에 맞춰 조명을 제어할 수 있으며, 사용자가 손뼉을 치거나 기기를 흔들어서 조명을 제어할 수도

휴는 애플리케이션을 이용하여 집 안의 조명 색을 무려 1600만 가지로 표현할 수 있는 조명 시스템이다. 사용자는 목적이나 기분에 따라 조명 색을 바꿀 수 있다. 단순히 끄고 켜는 기능에서 직접 조명을 조작할 수 있다는 경험을 제공함으로써 제품 고유의 영역을 확장한 것이다.

있다.

휴는 조명 레시피를 통해 조명이 건강과 웰빙에도 도움이 되도록 개발했다. 예를 들어 독서 레시피는 독서에 적합한 조명을 제공하고 휴식 레시피는 마음을 진정시키는 부드럽고 차분한 조명을 제공한다. 집중 레시피는 정신을 집중하고 기민한 상태를 유지하는 조명으로 바꿀 수 있다. 시스템에 최적화된 휴 램프는 일반 백열전구 규격과 동일하기 때문에 설치할 때 기존 소켓에서 백열전구를 빼고 끼우기만 하면 된다. 전용 앱을 사용하지 않더라도 온라인에 연결된 미트 휴 닷컴meethue.com에 접속하면 색상을 제어할 수 있다.

이동식 스마트 조명인 휴고Hue Go는 충전식 배터리가 내장되어 있어 선을 연결하지 않고도 원하는 곳에 가지고 다니며 사용할 수 있다. 역시 스마트폰을 사용해 1600만 가지의 다양한 색을 연출할 수 있으며 무선 인터넷으로 모바일 기기와 연동할 수 있다.

휴 카메라 앱을 이용하면 스마트폰 카메라로 촬영한 사진이나 대강 훑은 주변 환경을 실시간으로 분석해 그 정보를 조명에 반영할 수도 있다. 또한 텔레비전을 보면서 화면 변화를 감지하여 휴 스마트 전구에 적용하기도 한다. 이를 이용하면 조명만으로도 실감 나게 텔레비전을 볼 수 있다.

필립스는 소비자용 가전제품뿐만 아니라 조명 분야에서도 이미 잘 알려진 기업이다. 휴는 새로운 스타트업들이 만든 제품이 아니라 기존의 조명 제조 기업인 필립스가 만들어낸 혁신적인 조명 시스템이다. 필립스는 이 제품의 현재 시장 반응에 연연하지 않고 제품에 사물인터넷 기술을 접목해 소비자가 조명으로 새로운 경험을 할 수 있게 했다. 가정이나 사무실에서 사용했던 기존의 전구는 단순히 불을 밝히는 수단에 불과했고 소비자가 개입할 수 있는 여지는 없었다. 그들이 할 수 있는 것은 그저 불을 끄거나 켜는 것이 전부였다. 하지만 필립스의 휴 시스템은 소비자가 전구의 조명을 직접 조작해서 새로운 경험을 하도록 영역을 확장했다.

멜드 노브+클립Meld Knob+Clip

필립스 못지않게 혁신적인 또 하나의 사례를 들겠다. 사람들이 새로운 가스레인지를 사지 않고도 기존의 가스레인지에 작은 장치 하나만 추가하면, 요리하는 데 획기적인 도움을 받을 수 있는 스마트 요리 보조 기기가 출시되었다. 2015년 4월, 스타트업 멜드Meld는 펀딩 사이트인 킥스타터kickstarter.com에 일류 셰프처럼 완벽한 음식을 만들어주는 스마트 요리 보조 기기를 선보였다. 사람들이 간혹 가스레인지를 이용해서 요리하다 보면 불 조절을 잘못해 음식을 태우거나 덜 익힐 때가 있다. 이런 문제를 해결하고자 멜드 사는 멜드 노브+클립이라고 불리는 가스레인지 화력 조절 시스템을 개발했다. 이 시스템은 손잡이와 온도 센서, 스마트폰 앱이 서로 연동된다. 사용

멜드 노브+클립은 가스레인지나 전기스토브에 끼우는 것만으로 고객이 일류 셰프처럼 완벽한 음
식을 만들 수 있게 해준다. 요리의 종류마다 앱으로 온도와 시간을 설정할 수 있어서 불 조절만큼
은 신경 쓰지 않아도 된다.

자가 센서로 감지한 온도 정보를 앱으로 전송하면, 원격 방식으로 손잡이를 조절할 수 있다. 또 요리마다 앱으로 온도와 시간을 설정할 수 있어 요리할 때 불 조절만큼은 신경 쓰지 않아도 된다. 전동 손잡이와 온도 센서 클립을 사용할 때는 시중에 파는 가장 작은 건전지(AAA형)만 넣어주면 된다. 멜드 요리 앱에는 수백 종의 요리 레시피가 있고 사용자가 자신이 만든 레시피를 직접 등록할 수도 있어서 앞으로 멜드 사의 기기나 앱을 이용하는 사람들은 더 쉽게 요리할 수 있다.

멜드 사의 이 간단한 제품이라면 누구라도 비싼 첨단 요리 기기를 살 필요 없이 기존의 가스레인지나 전기스토브를 스마트하게 변신시킬 수 있다. 킥스타터를 통해 투자금을 유치한 멜드 사는 2015년 현재 완제품 배송을 앞두고 있다.

가치를 만드는 아이디어가 바로 옆에 있다

제품의 성능을 개선하거나 고객층을 좀 더 세분화하여 마케팅을 했는데도 소비자가 눈치채지 못할 때가 있다. 이럴 때는 제품이 속한 카테고리가 매우 심각한 포화 상태이므로 제품을 수평적으로 움직이는 것도 고민해봐야 한다. 필립 코틀러는 《수평형 마케팅》에서 수평형 마케팅과 수직형 마케팅을 비교하여 설명했는데, 요약하면 다음과 같다.

수직형 마케팅은 합의한 시장 내에서 적용한다. 시장을 고정한 상태에서 시장을 더 세분화하거나 차별화 기법을 활용하는 것인데, 이때 세분화된 시장은 기존의 상품이나 서비스를 변형하는 기준이 된다. 그래서 시장의 규모는 점점 작아지고 새로운 상품을 만들기도 어렵다. 그러나 수평적 마케팅은 새로운 상황이나 타깃에 맞게 상품을 변형한다. 그래서 오히려 시장은 확대되고 상품을 개발할 때도 다양한 가능성을 열어두고 도전적이며 창조적으로 생각할 수 있다. 수직형 마케팅이 보편적인 것에서 구체적인 것으로 나아가는 것이라면, 수평적 마케팅은 구체적인 것에서 보편적인 것으로 나아간다.

이러한 수평형 마케팅의 대표적인 성공 사례로 시리얼을 캐러멜로 붙여서 바 형태로 만든 헤로Hero의 시리얼 바, 세 살이 넘은 아이들을 대상으로 만든 하기스Huggies의 입는 기저귀, 초콜릿 안에 장난감 세트를 넣은 킨더 서프라이즈Kinder Surprise 등이 있다. 수평형 마케팅을 하려면 생각도 수평적으로 해야 한다. 예를 들어 꽃이 시드는 현상을 보고 시들지 않는 꽃을 떠올리는 것은 발상의 전환이다. 물론 이 둘 사이에는 격차가 있다. 하지만 이 격차를 줄이고 꽃을 시들지 않게 하려는 창의적인 노력이 결국은 조화造化라는 솔루션을 만들어낸다. 이 격차를 해소하는 과정에서 우리는 테크놀로지를 적극적으로 대입해볼 수 있다.

미국의 신생 생명 보험 회사인 오스카Oscar의 발상도 서로 다른 가치가 수평적으로 연결돼 새로운 가치를 만든 사례 중 하나다. 오스카는 2013년 미국 뉴욕에서 설립된 건강 보험 스타트업이다. 창업 초기부터 4000만 달러의 투자금을 모으며 주목을 받았다. 20대 CEO 조시 쿠시너Josh Kushner는 오바마 케어로 수천만 미국인들이 의무적으로 보험에 가입하는 것을 보고 저렴한 보험료와 보험 내용을 한눈에 볼 수 있는 앱을 개발하여 사람들에게 차별화된 서비스를 제공했다. 〈뉴욕비즈니스저널〉에 따르면 2015년 현재 오스카의 기업 가치는 8억 달러다. 오스카는 건강 보험에 테크놀로지를 결합해 사람들이 건강 보험에 관한 정보를 간편하고 손쉽게 볼 수 있도록 하고 있다. 사람들은 오스카의 앱을 이용하면 언제 어디서나 의사와 전화할 수 있고 고객 관리팀에게 궁금한 점을 물어볼 수 있다.

오스카 & 미스핏Oscar & Misfit

2015년 2월, 오스카는 웨어러블 디바이스 제조 업체인 미스핏과 협업하여 가입자의 운동량을 점검할 수 있는 디바이스도 개발했다. 이 제품의 가격은 50~60달러 정도인데, 보험 가입자에게는 무료로 제공했다. 가입자는 미스핏을 이용해 1일 운동량(걸음 수)을 달성하면 하루에 1달러씩 받는다. 한 달이면 최대 20달러를 보상받게 되고, 이것을 아마존 선물 카드로 교환할 수 있다. 1년 동안 열심히

미국의 신생 보험 회사 오스카는 웨어러블 디바이스 제조 업체 미스핏과 협업하여 가입자가 운동량을 점검하도록 하고, 1일 운동량을 달성하면 하루에 1달러씩 주는 서비스를 시작했다. 금전적 보상은 보험 가입자가 꾸준히 운동할 수 있는 동기를 부여하고, 보험사 입장에서는 장기적으로 가입자의 건강이 유지되어 막대한 보험금을 지급하지 않아도 되기 때문에 이익이 된다.

운동하면 최대 240달러까지 보상받고 가입자는 운동하면서 용돈까지 벌 수 있다. 이러한 시도는 오스카가 자사의 보험 가입자들에게 운동을 권장하는 것이 궁극적으로는 보험금을 적게 지급할 수 있는 방법이기 때문이다. 일반 사람들은 당장 큰 증상이 드러나지 않는다는 이유로 당뇨, 고혈압을 대수롭지 않게 생각한다. 그러나 당뇨나 고혈압 같은 만성 질환들은 심하면 실명이나 심근 경색을 불러일으켜 환자가 평생 장애를 가지고 살거나 운이 나쁘면 죽을 수도 있다. 당뇨와 고혈압이 위험한 질환이기는 하지만 많은 연구를 통해 하루 30분 이상 운동하면 충분히 건강하게 관리할 수 있다고 밝혀졌다.

웨어러블 디바이스를 무료로 나눠주고 가입자들에게 운동한 만큼 보상해주는 마케팅이 단기적으로 볼 때는 손해인 것처럼 보이지만, 장기적으로 본다면 보험사에 유리하다. 그들이 잠재적 중환자가 되지 않고 건강을 유지하면 회사도 막대한 보험금을 지급할 가능성이 줄어들기 때문이다. 보험 가입자는 걷는 운동이 효과가 있다는 것을 알고 있지만 사실상 명확한 목표가 없어서 계획대로 꾸준히 운동하지 않을 수 있다. 하지만 오스카의 금전적 보상 마케팅은 보험자에게 꾸준히 운동할 동기를 부여한다. 건강을 유지하면서 동시에 보상도 받을 수 있다는 명확한 이유와 목표가 생겼기 때문이다. 보험사 입장에서는 적은 돈을 투자하여 미래에 발생할 수도 있는 손실을 막을 수 있으니 경영 측면에서도 더 낫다. 또 기존의 보험사 이미지는 '가입자가 병에 걸렸을 때만 책임진다'는 메시지가 강했는데 이 마케팅을 통해 '보험사가 진심으로 고객의 건강을 챙겨준다'는 이미지로 전환되니 이미지 쇄신 효과도 얻을 수 있다. 또한 미스핏을 통해 얻게 되는 고객의 운동 데이터는 또 다른 비즈니스 영역에서 수익을 창출할 요소가 될 수 있다. 가입자의 성별, 운동하는 장소, 시간대를 비롯해 연령대별로 운동량이 얼마나 되는지 데이터로 확인할 수 있기 때문이다. 이것을 가지고 나이키와 같은 스포츠용품 회사들과 마케팅을 진행하는 등 다방면의 비즈니스 기회를 만들 수 있다.

오스카가 이러한 실험적이면서 혁신적인 도전을 할 수 있었던 것은 결국 테크놀로지의 발전을 긴밀하게 관찰하고 이를 보험 산업에 민첩하게 적용했기 때문이다. 포레스터 리서치Forrester Research는 〈전망 2015 : 벤처 투자가 디지털 보험 혁신에 박차를 가한다〉라는 보고서에 대리점을 기반으로 한 기존의 보험 회사는 디지털로 무장한 역동적인 기업들에 의해 계속 밀려날 것이라고 밝혔다. 오스카는 디지털 보험 혁신 회사로 이러한 전망을 현실로 만드는 데 가장 앞장섰다. 오스카의 CEO 조시 쿠시너는 기존 건강 보험 산업을 뛰어넘으려고 4000만 달러를 투자해 구글과 텀블러의 엔지니어와 최고 기술 책임자 등을 영입했다. 그래서 이 보험사에는 보험 설계사보다 기술자들이 더 많다.

웨어러블 디바이스 시장에서는 좀 더 명확한 사용 목적을 찾을 수 있다는 점에서 반가운 소식이기도 하다. 특히 오스카가 새로 발표한 보험과 웨어러블 디바이스의 조합은 혹시 모를 질병으로부터 우리의 생명을 지켜주는 생명 보험의 가치와 소비자의 생체 신호를 파악해 건강하게 살도록 도와주는 헬스 케어 웨어러블 디바이스의 가치가 합쳐져 사람들에게 새로운 헬스 케어 솔루션을 제공한다.

새로운 테크놀로지를 발견하면 재미있고 신기하다. 굳어진 뇌가 오랜만에 자극을 받는다. 하지만 기술은 어디까지나 미완성일 뿐이다. 흔히 사람들은 하나의 유망한 기술을 여러 마케팅 업무에 적용하려고 시도하지만, 딱 들어맞는 경우가 많지 않다. 그럴 때면 오히려 기대와 열정이 일회성에 그칠 수도 있다. 그보다는 마케팅 업무를 진행할 때 테크놀로지를 필수적으로 고려하도록 시스템 자체를 보완하는 것이 좋다.

이번 장에서 우리는 테크피리언스가 제품의 핵심 이점을 강화하고 부가적인 경험 요소를 추가하여 카테고리를 넘어서 수평적 혁신을 만드는 데 큰 힘을 발휘한다는 것을 살펴보았다. 지금 자신이 다니는 회사의 상품 개발 프로세스와 마케팅 기획 프로세스를 점검하자. 각 프로세스를 진행할 때 특정 단계에서 새롭게 주목받는 기술들을 검토하고 있는가? 브레인스토밍하기 전에 소비자 조사 결과와 기술 동향에 대한 평가 절차가 있는가? 만약 프로세스 어디에서도 이 단계를 찾아볼 수 없다면, 테크놀로지는 개인의 열정과 관심에 그치고 만다. 곧 시들어버릴 공산이 크다. 바로 옆을 돌아보면 난해한 문제를 해결할 기술이 있는데, 아이디어가 없다고 탓하며 포기할 수도 있다.

마케터로서 우리는 전문적인 마케팅 지식을 갖추고 소비자 동향을 파악하는 기존의 노력과 함께 새로운 테크놀로지에 대한 예민한 감각도 키워야 한다. 기술의 영향력은 앞으로 점점 더 커질 것이다. 기술적인 솔루션을 이해하면서 마케팅 아이디어를 제안하는 사람은 당분간 대체 불가능하다. 희소성이 크다. 진정한 마케팅 고수는 전략을 말하면서 마지막 실행 단계를 세심하게 살피는 사람이다. 아직 기술까지 볼 수 있는 사람은 거의 없다.

5

1번의
즐거운 경험이
100번의
설득보다 낫다

고객은 즐거운 경험을 할수록 당신의 브랜드를 긍정적으로 기억할 것이다.
부담을 가질 필요는 없다.
삶이 무겁다고 생각하는 사람들에게 배꼽을 잡을 만한 웃음을 선물하는
개그맨이 되었다고 생각해보는 건 어떨까?
조금 긴장을 풀고 테크피리언스에 접근해보자.
브랜드의 철학이나 콘셉트를 형상화해야 한다는 마음의 짐을 덜고
고객에게 즐거운 경험을 선물한다고 생각하라.
물론 이 모든 것의 전제는 브랜드의 속성과 타깃의 성향을 잘 고려해서
긍정적인 행동을 끌어낸다는 점을 포함한다.

고객은 더 많은 제품보다 더 많은 경험을 원한다

나이키는 브랜딩을 포함한 마케팅 영역에서 최고의 혁신 기업이라고 할 수 있다. 나이키의 마케팅 부사장이었던 호아킨 이달고 Joaquin Hidalgo는 "소비자들은 어떤 것이 멋진지 이야기 듣는 걸 좋아하지 않는다. 그들은 더 많은 제품보다 더 많은 경험을 원한다. 우리의 고객은 예전과는 다른 세상에 있다. 우리가 사는 세상에서 일어나고 있는 한 가지 큰 변화는 그들이 디지털을 이용해 서로 연결되었다고 생각하는 것이다."라고 말했다.

나이키가 많은 기업보다 앞서서 테크놀로지를 마케팅에 활용한 것은 변화에 민감하게 대응하며 미래를 예측하고 고객의 욕구를 파악하는 통찰력이 있어서다. 그래서 나이키는 지금도 끊임없이 테크놀로지를 활용해 고객에게 새로운 경험을 주려고 노력한다.

마케팅은 그동안 참, 말이 많았다.

우리가 메시지, 슬로건, 카피라고 부르는 마케팅 용어들은 모두 소비자를 설득하기 위한 것이다. 우리는 소비자를 설득하려고 제품을 앞세웠지만 지금의 소비자는 제품보다 경험을 원한다. 소비자도 이제는 유창한 말주변과 재빠른 임기응변일수록 허망하다는 것을 알게 되었다. 사기 집단으로 판명 난 엔론Enron의 브랜드 슬로건은 '왜냐고 묻기Ask Why'였다. 항상 질문하며 혁신을 추구하겠다는 의미다. 하지만 지금도 감옥에 있는 CEO에게 묻고 싶은 것은 '왜 그토록 부패해야 했는가?'이다. 많은 기업이 고객 중심, 혁신, 동반 성장을 이야기하지만 경영진과 직원들이 보여주는 모습은 너무도 달라서 소비자는 고개를 돌리게 된다.

상품만으로 브랜드 가치를 전달할 수는 없다

마케팅 커뮤니케이션은 본능에서 이성으로, 다시 감성을 거쳐 마침내 가치에 중점을 두는 쪽으로 발전했다. 초기의 마케팅은 간단했다. 상품 하나에 광고 카피 하나를 한 쌍으로 묶어 소비자에게 전달하면 되었다. 무한 반복되는 제품 광고에 세뇌당한 소비자는 주말에 카트를 끌고 슈퍼마켓을 지나가다가 '잘 아는' 브랜드의 제품을 산다. 소위 말해 소비자는 '많이 봤으니 잘 안다'고 착각했고 기업은 이런 소비자의 심리를 이용했다. 이성을 강조한 시대에는 브랜드를 좀 더 전략적인 차원으로 바라봤다. 기업은 브랜드의 개성과 차별화를 중요하게 생각했다. 소비자에게 제품의 차별성을 각인시키는 순간 난공불락難攻不落이라고 생각하는 경우가 많았다.

자동차 제조 회사인 볼보Volvo는 소비자에게 자사 제품의 안전성을 반복해서 강조했다. 소비자가 한번 '안전한 차'로 받아들이자 볼보의 자동차는 소비자에게 영원히 '안전한 차'라는 이미지로 굳어졌다. 하지만 정말 그런가? 마케터는 문득 인간의 본질을 왜곡했다는 사실을 깨달았다. 사람은 이성적인 동물이 아니라 감성적인 동물이다. 이성은 코끼리를 움직이는 기수라고 믿고 싶을지도 모르지만, 실제로 코끼리가 훨씬 힘이 세고 고집도 세다. 행동의 원천은 무의식이다. 이성에서 감성으로 마케팅의 화두가 옮겨가면서 '말'보다는 '경험'이 더 중요하다는 주장이 힘을 얻었다. 소비자들이 마케팅에 대해서 이토록 반감을 품게 된 것은 어쩌면 '허황된 말이 너무 많아서가 아닐까?'라는 반성도 하게 되었다. 사람들이 하루에 3000개의 광고 메시지를 본다는 연구 결과는 모바일과 소셜 미디어가 없을 때의 이야기다. 이 당시만 해도 '감성'은 브랜드의 속성으로서 '감성'을 뜻하는 경우가 많았다. 가령 브랜드의 개성이 '즐거움'이라면, 기업은 그 제품이 '즐거움'을 상징한다는 것을 소비자에게 전달하고자 했다. 소비자가 이 브랜드를 통해서 정말 즐거운 삶을 살게 되는지는 그다음 문제였다. 하지만 이 역시 오래가지 못했고, 경험을 기반으로 한 진정성이 진지한 화두로 떠올랐다.

필립 코틀러는 《마켓3.0》에서 "이제 마케팅은 소비자들의 영혼을 감싸 안는 단계로 진화해야 한다."라고 이야기했다. 기업이 가치를 제시하고 제품을 통해 그것을 실현하면 소비자들은 제품을 직접 사용하고 기업이 제시한 가치가 자신에게 얼마나 진정성 있게 와 닿는지 경험하고 나서야 그 브랜드를 신뢰하게 된다.

마케팅이 진화할 때마다 유능한 마케터에게 요구되는 능력도 달라졌다. 처음엔 광고 대행사와 창조적인 결과물을 만들고 효율적으로 매체를 조합해 운영하는 능력이 중요했다. 하지만 매체가 다양화되면서부터는 새로운 디지털 매체를 효과적으로 활용하는 감각이 중요해졌다. 이 모든 능력은 물론 말하는 능력이다. 섹시한 광고 모델을 내세우거나 감각적이면서 창의적인 아이디어로 15초 분량의 광고를 재미있게 만들 수 있다. 그러나 이것도 표현 방식의 차이일 뿐 말하는 것에 가깝다. 지금 마케터에게 요구되는 능력은 단순히 말하는 능력이 아니라 말한 것을 실천하는 능력이다. 기업이 브랜드의 가치를 전달하고자 소비자와 어떤 약속을 했다면, 소비자가 현실에서 그 약속을 체험하도록 만들어야 한다는 말이다.

이제는 회사의 말과 행동이 일치해야만 소비자가 기업과 제품을 신뢰한다. 물론 고객 경험 관리라는 큰 틀에서 보면 과거에도 기업은 고객 접촉점에서 소비자가 일관성 있는 체험을 할 수 있게 노력해왔다. 더 바디 샵The Body shop이나 현대카드가 모범적인 사례이다. 하지만 대다수 기업은 여전히 브랜드 약속과 광고 카피, 실제의 경험을 구현할 때 각 요소들 간의 연관성이나 전체의 일관성이 부족하다. 브랜드의 가치를 경험하게 하는 것은 상품, 웹 사이트를 포함한 매체 광고, 프로모션을 통한 홍보, 소비자 서비스, 영업이라는 모든 고객 접촉점에서 통합적으로 일관성 있게 다루어져야 하는 일이다.

말은 쉽고 행동은 어렵다. 그리고 여전히 마케터의 도구 상자에는 생생한 경험을 만들어낼 수 있는 도구가 많지 않다. 이제 그 도구 상자에 테크놀로지를 추가하여 일관성 있는 마케팅으로 소비자가 생생한 경험을 할 수 있게 만들어야 한다.

테크놀로지는 직접 말하지 않아도 소비자가 현실로 받아들이게 만드는 힘이 있다. 테크피리언스는 이러한 테크놀로지를 접목해 소비자가 하게 될 경험을 좀 더 생생하게 구현하는 것이다. 하지만 소비자가 테크피리언스를 통해 제품을 좀 더 생생하게 경험하는 데는 세 가지 조건이 필요하다. 브랜드 철학의 실현, 즐거운 마케팅 경험, 그리고 구매의 편이성이다.

소비자들은 확인하고 싶어 한다. 그래서 증거를 요구한다. 기업은 상품이 그 증거라고 말한다. 많은 고민과 연구를 통해 차별적인 신상품을 출시했다고 생각해서다. 하지만 문제는 기존의 제품과 신상품의 미묘한 차이를 기업의 상품 기획자만 식별할 수 있다는 점이다. 바꿔 말하면 소비자들의 눈에는 유사 제품들이 다 비슷비슷해 보인다는 말이다. 애플 정도가 아니면 당당하게 그 차별성을 말하기가 어렵다. 마케터 입장에서는 답답한 노릇이다. 물론 앞에서 언급했듯이 테크놀로지가 상품 자체의 가치를 혁신하는 새로운 가능성을 열고 있다. 하지만 상품 이외에 소비자가 기업의 브랜드 철학을 경험할 수 있는 다른 방법은 없을까?

보고, 만지고, 직접 느끼도록 하라

마케팅 측면에서 브랜드 철학을 실현하는 하나의 방법은 캠페인이다. 그중에서도 공익 캠페인이 대표적이다. 유한킴벌리의 '우리 강산 푸르게' 캠페인은 장기간 꾸준히 실천해서 온 국민에게 캠페인의 진정성이 잘 전달된 사례이다. 해외 사례로는 유니레버Unilever의 '진정한 아름다움Real Beauty' 캠페인이나 하겐다즈Haagen-Dazs의 '바닐라 허니 비' 사례가 유명하다. 특히 하겐다즈의 경우는 브랜드 철학과 신상품 그리고 마케팅 캠페인이 어우러져서 좋은 성과를 냈다.

바닐라 허니 비Vanilla Honey Bee

2008년 2월, 하겐다즈는 새로운 맛인 '바닐라 허니 비'를 출시했다. 당시 하겐다즈는 꿀벌 개체 수가 급격히 감소하는 환경 변화 때

하겐다즈는 '바닐라 허니 비'를 출시하면서 꿀벌의 개체 수 감소에 대한 소비자들의 관심을 유도하는 광고 캠페인을 진행했다. 브랜드 철학과 상품, 마케팅 캠페인이 어울려 좋은 성과를 낸 사례이다.

문에 시장에 꿀을 넣은 아이스크림을 공급하기 어려워지자 사람들이 선호하는 바닐라 맛을 첨가해 신제품을 생산했다. 마케팅은 "꿀벌의 생태계를 지켜주자."라는 친환경적인 메시지에 중점을 뒀다. 생태계 보호와 대중적인 입맛까지 고려한 이 제품은 소비자들의 뜨거운 반응을 일으켰고, 하겐다즈는 단 2주 만에 1년 홍보 목표인 1억 2500만 매체 노출을 달성했다. 마케팅에 들인 돈은 단 100만 달러였다. 하겐다즈 브랜드를 지지하는 소비자는 69%에 달했으며, 이것은 브랜드 선호도 조사 대상인 19개 브랜드 중 가장 높은 지지율이기도 했다. 광고의 도움 없이 측정한 브랜드 인지도 조사에서도 기존의 29%에서 36%로 증가했으며, 매출도 2008년에 16%나 상승했다. (글렌 어반, 《고객 옹호 마케팅》, 2006, 245쪽.)

온라인 커뮤니티를 활용하는 마케팅도 캠페인만큼이나 진정성을 표현하는 좋은 방법이다. P&G의 '빙 걸beinggirl.com'이나 존슨앤드존슨Johnson & Johnson의 '베이비 센터babycenter.com' 등이 좋은 사례다. 이 마케팅은 기업이 브랜드가 추구하는 가치나 제품을 전문적인 콘텐츠로 만들어서 온라인 공간에 배포하고 소비자들끼리 또는 소비자와 기업이 자유롭게 대화를 나누도록 했다. 사용자는 자신의 경험을 공유할 수 있고 구매할 의사가 있는 사람들은 사용자의 후기를 통해 제품을 직접 사용한 것처럼 생생하게 경험할 수 있다. 기업 역시 사용자나 구매 의사를 표현한 사람들의 즉각적인 반응을 살필 수 있으니 제품 개발이나 마케팅에 필요한 아이디어를 얻을 수 있다.

검색하면 정보가 쏟아지는 시대이지만, 소비자가 모든 정보를 원하는 것은 아니다. 그렇기에 기업은 소비자가 원하는 유용한 정보를 잘 정리하는 것이 중요하다. 특히 소비자에게 전문적인 답변을 제공하면 신뢰도는 더욱 높아질 것이다. 샤오미가 2015년 2분기, 아이폰을 제치고 중국 내 스마트폰 시장 점유율 1위를 기록한 것도 커뮤니티 강화 전략 덕분이다. 샤오미의 마케팅 부서에는 공식적으로 광고, 홍보 예산이 없다. 마케팅 조직의 대부분은 고객과 소통할 수 있는 커뮤니티 사이트 관리에 집중하고 있다. 2015년 현재 4500만 명의 회원이 매일 30만 건의 게시물을 등록한다. 고객들은 제품 기획의 사전 단계는 물론 자체 운영 체제인 'MIUI'의 기능 업그레이드, 제품의 결함과 개선 방안 등 다양한 의견을 내고 샤오미는 이를 적극 수용하고 있다. 신뢰할 수 있는 커뮤니티를 활성화하고 유지하는 것은 상품 이외에 기업이 고객과 지속적인 관계를 유지할 수 있는 가장 확실하면서도 효과적인 연결 고리가 된다.

이렇게 공익 캠페인을 하거나 커뮤니티 사이트를 운영하는 것은 멀리 내다보고 오랫동안 꾸준히 실천해야 한다는 어려움이 있긴 하지만 기업의 진정성을 소비자에게 인정받을 수 있는 검증된 방법들이다. 아쉬운 것은 이 소통 방식 역시 여전히 기업 중심으로 일방적일 때가 많고 소비자 개인은 기업이 제공한 방식에 공감하거나 그

틀 안에서 참여하는 정도라는 점이다. 브랜드가 소비자 개인의 삶 안으로 직접 파고드는 방법은 없을까? 소비자가 브랜드의 철학을 체감하도록 말이다.

나이키 퓨얼 밴드는 이러한 꿈을 현실에서 구현한 멋진 사례다. 2장에서 언급했듯이 나이키는 테크놀로지를 마케팅에 활용해 소비자가 자사 제품을 생생하게 경험하도록 했다. 나이키라는 기업이 추구하는 브랜드 지향점은 소비자에게 '운동하는 즐거움'을 선물하는 것이다. 그들은 이것을 소비자에게 직접 말하지 않고 퓨얼 밴드를 통해서 소비자가 직접 경험하게 했다. 어쩌면 소비자들은 나이키의 주력 상품인 운동화를 신었을 때보다 퓨얼 밴드를 사용했을 때 '운동이란 정말 즐거운 것이구나.'라고 더 생생하게 느꼈을지도 모른다. 그리고 이 경험을 통해 '앞으로 나이키가 하는 말은 정말 믿어도 되겠구나.'라고 기업을 신뢰하게 됐을 것이다.

브랜드 정체성은 기업의 성격이고, 브랜드 철학은 기업의 가치관이다. 이 두 가지는 가장 상위의 개념인 경우가 많다. '운동하는 즐거움, 창조성의 가치, 즐거운 삶'처럼 표현의 범위가 넓은 상위 개념 자체를 광고로 표현하는 것은 소비자에게 더는 아무런 감흥을 주지 못한다. 브랜드 철학을 소비자가 눈으로 보고, 손으로 만지고, 피부로 느끼도록 구체적으로 구현하는 것이 훨씬 좋다. 말은 쉽고 행동은 어렵다고 했지만 나이키 퓨얼 밴드가 보여줬듯이 테크피리언스가 하나의 길을 제시하고 있고 그 가능성의 범위도 더 넓어지고 있다.

고객의 무의식에 어필하라

기업이 브랜드 철학을 구현하는 것보다 실무에서 좀 더 간단하게 적용할 수 있는 것은 소비자가 상품의 콘셉트나 마케팅 캠페인의 중심 아이디어를 경험하게 하는 것이다. 제품의 속성을 자연스럽게 체험할 수 있어서 소비자가 무의식적으로 제품을 기억할 수 있다. 소비자가 경험하면서 즐거워하면 브랜드를 긍정적으로 기억할 것이다. 테크피리언스는 궁극적으로 테크놀로지를 통해 기존 제품의 경험을 강화하는 것이지만 그렇다고 해서 테크놀로지 자체가 그리 거창할 필요는 없다.

테크놀로지, 즉 '기술'의 사전적 정의는 "과학 이론을 실제로 적용하여 자연의 사물을 인간 생활에 유용하도록 가공하는 수단"이다. 테크피리언스에서 말하는 기술 역시 사물인터넷처럼 최신 센서 기술을 응용한 것만을 취급할 필요는 없다. 공익적인 면에서 소비자가 브랜드의 철학을 경험할 수 있는 가공 수단이라면, 꼭 첨단 기술이 아니어도 상관없다는 말이다.

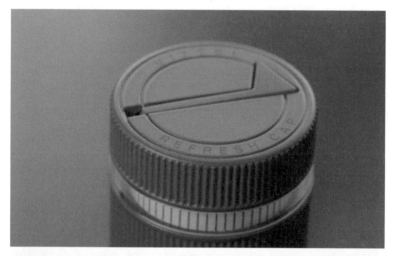

미네랄워터 브랜드 비텔의 테크피리언스 마케팅 '리프레시 캡'. 뚜껑에 달린 기계식 타이머가 물 마실 시간을 알려준다. 사용자는 그저 뚜껑 위의 깃발이 올라올 때마다 물을 마시고 다시 뚜껑을 돌려서 닫기만 하면 된다. 단순한 아이디어 하나로 신선한 경험을 선사할 수 있다.

리프레시 캡Refresh Cap

네슬레Nestle의 미네랄워터 브랜드 비텔Vittel은 그런 면에서 브랜드, 제품, 공익, 기술을 절묘하게 조합한 테크피리언스 마케팅을 진행했다. 비텔이 선보인 리프레시 캡은 거창하지 않은 기술로도 고객에게 꼭 필요한 경험을 제공했다.

세계보건기구WHO가 제시한 하루 물 섭취 권장량은 1.5~2L로, 보통 200mL 컵으로 8잔 정도다. 적당한 양의 물을 섭취하면 몸속의 노폐물을 배출하고 혈액 순환에도 좋아 피부 개선이나 피로 해소에 도움이 된다. 하지만 보통 사람이 물을 하루에 8잔이나 마시기란 생각만큼 쉽지 않다. 실제로 비텔은 프랑스인의 80%가 물 마시는 일을 잊어버린다는 것을 알게 되었다. 그래서 이 기업은 사람들이 매시간 물 마시는 일을 기억할 수 있게 미네랄워터의 물병 뚜껑을 새롭게 개발했다.

보기에는 기존의 병뚜껑과 별반 다르지 않지만 새로 개발한 뚜껑에는 자동으로 물 마시는 시간을 알려주는 기계식 타이머가 장착되어 있다. 한 시간이 지나면 스프링으로 되어 있는 병뚜껑의 깃발이 올라와서 물 마실 시간을 알려준다. 뚜껑을 돌려 물을 마신 뒤 뚜껑을 닫으면, 한 시간 후에 다시 타이머가 물 마실 시간을 알려준다. 기업은 이 알람 기능을 추가한 것만으로 사람들이 단순히 갈증이 날 때만 물을 마시는 것이 아니라 권장량만큼 일정하게 물을 마시는 습

관을 들여 스스로 건강을 지킬 수 있다는 경험을 하게 했다. 억지스
럽지도 않고 재미까지 느끼게 해준 이 마케팅은 비텔의 생수 소비량
을 늘리는 데도 이바지하고 있다. 비텔의 이 리프레시 캡 사례는 광
고 대행사인 오길비앤매더Ogilvy & Mather의 아이디어로 기획된 일종의
마케팅 캠페인이지만 일회성에 그치지 않고 실제 제품화하더라도 고
객의 반응이 좋을 것으로 보인다.

사랑한다고 말로만 하는 것은 상대의 마음을 움직이지 못한다.
피곤해도 설거지를 도와주는 행동을 통해 사랑을 직접 느끼게 해야
상대의 마음을 얻을 수 있다. 브랜드 철학이 헛된 구호가 아니라면,
마케팅 콘셉트가 단순히 물건을 더 팔기 위한 사탕발림이 아니라면,
그것을 소비자가 경험할 수 있게 기업은 더 노력해야 한다.

테크피리언스를 이용한 가치 구현은 광고보다 훨씬 더 어려운
길이다. 고객에게 어떤 경험을 줄 것인지 결정해야 하고, 기술 트렌
드를 살피면서 제품이나 제공하고자 하는 경험에 적합한 테크놀로지
를 선택해야 하며, 경험을 현실화하기 위해 아이디어를 내고 실행으
로 옮겨야 한다. 소비자가 아무리 무심하고 까다롭다고 하더라도 직
접 '경험'을 하고 느끼면, 그 기업이 얼마나 많이 노력했는지 단번에
알 수 있다.

1번의 즐거운 경험이 100번의 설득보다 낫다

앞서 고객이 경험을 즐거운 것이라고 받아들이면 브랜드를 긍정적으로 기억할 것이라고 말했다. 그래서 기업은 이왕이면 소비자에게 좀 더 즐거운 경험을 제공할 필요가 있다. 그렇다고 부담을 가질 필요는 없다. 삶이 무겁다고 생각하는 사람들에게 배꼽을 잡을 만한 웃음을 선물하는 개그맨이 되었다고 생각해보는 건 어떨까? 조금 긴장을 풀고 테크피리언스에 접근해보자. 브랜드의 철학이나 콘셉트를 형상화해야 한다는 마음의 짐을 덜고 고객에게 즐거운 경험을 선물한다고 생각하라. 물론 이 모든 것의 전제는 브랜드의 속성과 타깃의 성향을 잘 고려해서 긍정적인 행동을 끌어낸다는 점을 포함한다. 우리가 엔터테인먼트 사업을 하는 것은 아니니까 말이다.

기네스 맥주의 지면 광고

1951년, 39살의 데이비드 오길비David Ogilvy는 흑맥주 브랜드인 기네스Guinness의 지면 광고를 제작했다. 자신이 차린 광고 대행사에서 처음 맡은 일이어서 그에게는 매우 중요한 비즈니스였다. 이 지면 광고에서 오길비는 케이프 코드Cape Cod, 블루 포인트Blue Point, 델라웨어 베이Delaware Bay 등 9가지 종류의 굴을 보여주었다. 매우 세밀한 굴 사진마다 각각의 역사나 종류별 맛의 미묘한 차이를 설명하는 내용도

데이비드 오길비가 만든 기네스 맥주 지면 광고. 맥주 자체를 설명하지 않고 맥주와 곁들여 먹을 수 있는 굴을 소개함으로써 기네스를 '제안'했다. 고전적인 매체인 신문에 광고를 하더라도 훌륭하게 브랜드의 가치를 전달할 수 있다.

있었다. 그리고 그림의 상단에는 단순하고 명료한 문장이 단 한 줄로 적혀 있었다. "기네스의 굴 가이드Guinness Guide To Oysters." 그리고 하단의 오른쪽에는 작은 기네스 병과 유리잔 이미지가 있고 역시 단 한 줄의 문장이 있었다. "무슨 굴이든 기네스와 함께 먹을 때 가장 맛있습니다."

수수하다는 점이 가장 큰 매력인 이 지면 광고는 "기네스를 사세요!"라고 직접 외치지 않는다. 이 광고는 오히려 맥주 자체를 설명하기보다 다양한 식용 굴을 설명하는 안내문에 가깝다. 하지만 독자에게 유용한 정보를 제공하는 방식을 취하면서도 분명 '기네스를 소비자에게 제안'하고 있다. 다만 그 정보는 해당 맥주의 장점이 아니라 곁들여 먹을 수 있는 다양한 식용 굴에 관한 상식이다. (밥 길브리스, 《마케팅 가치에 집중하라》, 2011, 22쪽.)

위의 사례는 가장 고전적인 매체인 신문 광고로 마케팅을 하더라도 훌륭하게 브랜드의 가치를 전달할 수 있다는 것을 보여준다. 소비자 중에는 분명 오길비가 만든 이 광고를 읽는 것이 즐거운 경험이 된 사람이 있을 것이다. 어쩌면 다음번 광고를 궁금해하면서 기다리는 사람이 있었을지도 모른다.

앞에서 말한 것처럼 사람의 행동을 유발하는 것이 이성보다는 감성에 기인한다는 주장이 정설로 받아들여지면서 마케팅 영역에서도 소비자의 긍정적인 감정을 불러일으키는 데 초점을 둔 시도가 더욱 많아졌다. 광고로 즐거움을 전달하려는 시도는 기존의 광고와는 결이 다른, 드라마나 영화 형식을 접목한 새로운 형태의 광고를 탄생시켰다. 또 디지털 시대를 맞아 온라인 매체가 활성화되면서 광고는 입소문보다 빠르게 퍼지는 바이럴 콘텐츠Viral Content나 비디오 영상에 특정 버튼을 생성하여 게임처럼 조종할 수 있는 인터랙티브 무비Interactive Movie 등 형식에 제한을 두지 않는 창의적이고도 오락적 요소가 가미된 콘텐츠로 진화했다.

나이키의 인터랙티브 무비인 '내 시간은 지금My Time is Now'은 브랜드의 직접 광고라기보다는 유망주를 발굴하려는 취지로 제작되었다. 영상에 나오는 선수들을 마우스로 지목하면 선수의 이름이나 프로필을 볼 수 있고 마우스 버튼을 누르면 선수에게 응원 메시지를 전달할 수도 있다. 또 제품이나 선수들의 스타일링에 관한 설명을 참고하여 자신만의 스타일을 연출할 수도 있다. 특히 자신만의 스타일을 연출할 수 있는 페이지에서 소비자는 영상에 나온 선수들이 착용한 제품을 자신에게 대입시킴으로써 선수와 자신을 동일시하여 스스로 근사해 보이는 경험을 할 수 있다. 한동안은 이러한 디지털 콘텐츠가 커다란 반향을 일으키면서 광고제의 단골손님이 되었으며, 기술을 접목해 흥미로운 경험을 제공한다는 점에서는 지금도 유효한 전략이다. 고객에게 직접 우리의 물건을 사달라고 100번 말하는 것보다 소비자가 단 한 번 직접 경험하게 하는 것이 테크피리언스 마케팅의 핵심이다.

네스카페 알람 캡Alram Cap

수많은 커피 브랜드가 광고에서 커피의 향과 맛을 전달하기 위해 노력해도 전파로 전달하는 데는 한계가 있다. 아침에 일어나 여유롭게 모닝커피를 마시는 모습은 광고나 영화에 단골로 등장하는 풍경이다. 그런 면에서 모닝 알람과 모닝커피는 꽤 어울리는 조합인지도 모른다. 이 조합을 네슬레의 커피 브랜드 네스카페Nescafe가 제공했다. 2014년 5월, 네스카페는 전 세계적으로 새로운 브랜드 캠페인을 재개하면서 200대 한정으로 알람 캡이 있는 커피 패키지를 선보였다. 네스카페의 인스턴트커피가 담겨 있는 이 알람 캡 패키지는 사용자가 시간을 설정하면 7가지 소리와 불빛으로 사용자를 깨워준다. 디자인도 예쁘고 조명도 있어서 어두운 곳에서도 알람 캡을 찾기가 쉽다. 커피 용기가 주방에 있다면 사용자는 알람을 끄기 위해 반드시 주방으로 나와 뚜껑을 돌려야만 한다. 뚜껑의 안쪽에는 현재 시각과 알람 시간을 설정할 수 있는 타이머가 내장되어 있고, USB와 최신 스마트폰에서 주로 사용하는 단자인 마이크로 5핀을 이용하면 간편하게 충전할 수 있다.

이 브랜드 캠페인은 "아침을 시작하면서 한잔의 네스카페 커피와 함께하라."라는 의도를 담고 있으며, 창작 스튜디오 낫랩스NOTLABS가 만

네스카페는 아침에 일어나 여유롭게 모닝커피를 마시는 모습을 꿈꾸는 고객의 욕망을 공략하기 위해 인스턴트커피 뚜껑에 알람 캡이 부착된 패키지 상품을 선보였다. 한정판으로 제작되긴 했지만 테크놀로지를 이용해 고객에게 커피 마시는 일이 좀 더 즐겁고 새로운 경험이라는 것을 알려주었다.

들었다. 이 캠페인 역시 한정판으로 제작되긴 했지만 테크놀로지를 이용해 소비자에게 커피 마시는 일이 좀 더 즐겁고 새로운 경험이라는 것을 알려주었다. 물론 소비자들이 알람 시계를 애증의 대상으로 느낀다면, 실제 사용하면서 네스카페 브랜드를 좋지 않게 생각할 수도 있다. 하지만 이러한 시도들은 첨단 기술의 일상화가 이뤄지고 있는 시점에서 향후 좀 더 고객에게 제품의 가치를 강화해줄 새로운 시도를 이끌 것이다.

마케팅은 그 자체로 즐거움이 될 수 있다

즐거운 경험은 물건을 구매하는 순간이 될 수도 있다. 온라인 쇼핑몰에서 물건을 살 때 가장 큰 도움이 되는 것은 상품평의 개수나 그 내용이다. 상품평이 많다는 것은 제품이 인기가 있다는 척도로 생각할 수 있으며, 실제 제품을 구매한 사람의 상품평을 보고 구매를 결정할 수도 있다. 시간이나 장소의 제약 없이 물건을 구매할 수 있다는 편의성 때문에 온라인으로 물건을 구매하는 사람이 많다. 물론 옷처럼 자신이 직접 입어보고 구매하는 것이 더 도움될 때는 실제 매장에서 구매하는 것을 선호하기도 한다. 그러나 모바일이 발달하면서 매장에서 입어보고 같은 제품을 온라인에서 좀 더 저렴하게 구매하는 쇼루밍Showrooming족이 등장했고, 온라인과 모바일 때문에 매장에서는 이 문제를 고민하게 되었다.

패션라이크Fashion Like

지난 사례이긴 하지만 브라질 패션 유통 업체 씨앤에이C&A의 페이스북 옷걸이를 이용한 테크페리언스 마케팅 사례는 이러한 고민을 해결하는 좋은 대안이 될 수 있을 듯하다. 매장에서 옷을 살 때 입어볼 수 있다는 장점이 있지만 온라인처럼 제품별 인기 순위나 실제 구매한 사람들의 상품평을 활용할 수 없는 단점이 있다. 씨앤에이는 이러한 단점을 없애고 고객에게 쇼핑하는 즐거움을 제공하기 위해 패션 라이크라는 프로모션을 진행했다.

씨앤에이는 매장에 있는 옷들을 미리 페이스북에 올리고 페이스북 이용자들이 마음에 드는 옷에 '좋아요'를 누르게 했다. 그러면 매장을 방문한 고객은 옷걸이에 부착된 LED를 통해 해당 제품이 얼마나 많은 사람에게 인기 있는지 실시간으로 확인할 수 있고 자신이 제품을 구매하는 데 도움을 받는다. 이 캠페인 덕분에 매장에서 판매했던 옷들이 '완판'되었고 7만 6000명의 새로운 팬(예비 구매자)을 확보하기도 했다. 이 프로모션은 국내에서는 낯설지만 브라질에서는 패스트 패션 브랜드로 유명한 씨앤에이가 유니클로나 에이치앤앰H&M 같은 새로운 브랜드의 도전을 극복하고 소비자들이 자발적으로 자사 브랜드를 입소문 내도록 하기 위해 기획했다. 이렇게 간단한 기

브라질 패션 유통 업체 씨앤에이가 선보인 페이스북 옷걸이. 매장에 진열될 옷들을 미리 페이스북에 올려 '좋아요'를 누르게 한 다음 그 수를 실제 매장의 옷걸이에 LED로 표시했다. 이 효과로 매장에 진열된 옷들이 '완판'되었다.

술과 소셜 미디어만을 활용해서도 문제를 해결할 수 있음을 보여준 씨앤에이의 사례는 온라인이나 모바일 매체로부터 위기를 맞고 있는 오프라인 패션 유통 업체들의 고민을 극복하는 데 하나의 가능성을 제시해줄 수 있다.

매장의 가장 큰 장점은 소비자가 직접 제품을 확인할 수 있다는 점과 마음에 들면 바로 살 수 있다는 점이다. 반면에 온라인은 여러 가지 편의성이 있지만 현재의 기술로는 직접 입어본 것 같은 피팅감이나 옷의 촉감이나 실제 색상 또는 그 색상이 자신에게 잘 어울리는지 등은 확인할 수 없다. 그래서인지 소비자 중에서는 역발상을 하여 온라인에서 정보를 수집하고 매장에서 제품을 구매하는 '리버스 쇼루밍Reverse Showrooming'족이 늘어나고 있다. 쇼루밍과는 정반대되는 개념이다.

〈쇼루밍과 리버스 쇼루밍 트렌드〉라는 보고서에 따르면 국내 소비자의 43%가 온라인과 오프라인을 동시에 이용하는 크로스 오버 쇼핑을 경험한 것으로 나타났다. 특히 소비자들은 오프라인 매장과 온라인 쇼핑몰을 구분하지 않고 필요한 정보를 수집하며 그 내용을 바탕으로 본인에게 가장 적합한 채널을 고른다. 그래서 이제는 온라인과 오프라인을 하나의 연결된 시장으로 봐야 하며, 오프라인 매장과 온라인 쇼핑몰이 어느 한쪽을 위한 쇼룸이 아닌, 쌍방향의 쇼룸 역할을 하고 있다고 말한다. 이러한 고객의 변화에 맞춰 오프라인 패션 유통 업체들은 씨앤에이의 패션 라이크 옷걸이뿐만 아니라 여러 기술을 활용해 소비자에게 다양한 경험을 제공하려고 노력하고 있다.

메모미Memomi

미국의 명품 백화점인 니만 마커스Neiman Marcus는 세계 최초로 디지털 거울을 개발해 캘리포니아 매장에 설치했다. 아이비엠IBM, 인텔Intel과 함께 만든 디지털 거울 메모미는 겉보기에는 일반 거울과 같다. 하지만 고객이 매장에서 고른 옷을 입고 거울 앞에 서면 고객의 모습을 360도로 촬영해서 보여준다. 고객은 여러 각도에서 옷이 자신에게 어울리는지 확인할 수 있고, 현재 입은 옷의 색상이 마음에 들지 않는다면 색상을 바꿀 수도 있다. 또 여러 상품을 입어볼 경우 입어본 상품을 모두 저장해두었다가 어떤 옷이 가장 잘 어울리는지를 동시에 비교할 수도 있다. 그뿐만 아니라 옷을 착용한 사진이나 영상을 실시간으로 소셜 네트워크 서비스나 이메일로 받을 수 있고 지인들에게도 공유해 의견을 물어볼 수도 있다.

미국의 대표적인 백화점인 노르드스톰Nordstorm은 소셜 네트워크 서비스인 핀터레스트Pinterest를 활용했다. 노르드스톰은 자사의 채널에서 '가장 인기가 많은 제품Top pinned items'을 실제 오프라인 매장에도 적용해 디스플레이 했다. 백화점을 방문한 고객은 가장 인기 있는 제

메모미는 겉보기에는 일반 거울과 다르지 않지만 고객이 고른 옷을 입고 거울 앞에 서면 그 모습을 360도로 촬영해서 보여준다. 옷의 색상을 바꿔볼 수도 있고, 입었던 옷을 저장해둘 수도 있다. 한 번의 착용으로 다양한 경험을 주고, 함께 있지 않은 친구에게 사진을 전송해 의견을 들을 수도 있다.

품을 확인하여 구매를 결정할 수 있다.

오길비가 믿었던 "마케팅 그 자체가 즐거움이 될 수 있다."라는 발상은 여전히 유효하다. 마케팅은 단순히 제품을 판매하는 도구가 아니라 경험을 무료로 제공하는 또 하나의 상품이 될 수 있다. 고객에게 즐거운 경험을 주는 방법은 광고, 오프라인, 온라인에서 모두 시도되었고, 많은 성공 사례가 나왔다. 테크놀로지는 이제 온라인, 오프라인의 경계를 넘나들면서 마케팅과 영업이 즐거운 경험이 될 수 있는 선택지를 더욱 넓히고 있다.

소비자에게 즐거움을 주고 그들이 삶의 부담을 잊도록 도와주는 것도 멋진 선물이지만, 실생활에서 소비자의 불편함과 부담감을 직접 덜어준다면 더욱 보람 있을 것이다. 사실 이윤을 추구하는 기업의 입장에서는 비용을 투자하여 소비자의 문제를 적극적으로 해결하려고 나서는 일이 쉽지는 않다. 하지만 앞에서 언급했듯이 제품의 가치를 혁신하는 일은 당장 소비자의 욕구를 해소해주는 차원보다는 근본적인 문제나 소비자의 숨겨진 욕망을 해결해주는 차원에서 접근할 때 좀 더 다양한 해결책을 모색할 수 있다. 제품으로 소비자의 욕구를 해결해주는 것은 기업의 매출로 연결할 수 있는 자연스러운 방법이기는 하다. 하지만 제품만으로는 전달할 수 없는 가치들도 있다. 그러므로 마케팅이라는 더 큰 차원에서 고객의 욕구를 해결해주려는 고민도 의미가 있다.

물론 이런 노력이 전혀 없었던 것은 아니다. 존슨앤드존슨의 커뮤니티 사이트인 베이비 센터는 회원들이 엄마, 아빠가 된 것을 최고의 경험이라고 생각하도록 돕는다. 그래서 베이비 센터의 가장 핵심적인 서비스도 회원이 작성한 정보를 바탕으로 임신, 태아 발달, 육아 정보를 정리해 매주 회원들에게 이메일로 보내주는 것이다. 특히 출산 전후로 연령대별 다양한 정보를 제공하는 것이 강점이다. 가령 내 아이에게 필요한 예방 접종 주사의 종류는 무엇이고 주사를 맞아야 하는 시기는 언제인지, 모유와 이유식은 어떻게 교체해줘야 하는지, 지금 내 아이의 발육 상태가 정상인지 등 적시에 꼭 필요한 정보를 제공한다. 베이비 센터는 엄마, 아빠가 된 회원들이 갖게 될 출산과 육아의 부담을 무료로 줄여준다.

주부에게는 매일 세끼를 차리는 것이 부담이다. 주말에 쇼핑을 몰아서 해도 며칠이 지나면 금세 재료가 떨어진다. 한 끼 한 끼가 고민이다. 식품 회사에서는 이런 고민을 덜어주고자 레시피 마케팅을 꾸준히 벌여왔다. CJ제일제당이 운영하는 CJ 더 키친CJ The Kitchen은 전문 셰프가 직접 요리하고 사내에서 시식 테스트를 거친 검증된 레시피만을 웹 사이트와 앱에 올린다. 온라인 쇼핑몰과 연계해 소비자가 산 재료에 맞는 레시피를 함께 알려주는 프로모션도 진행한다. 또 캠페인 사례에서 언급했던 유니레버는 영수증에 레시피를 프린트해주는 마케팅을 진행했다. 그 밖에도 세제 용품 업체인 타이드Tide는 '얼룩 탐정Stain Detective'이라는 사이트에서 제거하기 힘든 얼룩 빼는 방법을 알려주었다.

위의 사례들을 보면서 느꼈겠지만, 그동안 콘텐츠를 활용해 문제를 해결하려는 시도가 많았다. 일회성 광고와 비교할 때 콘텐츠는 지속성과 확산성이 무한하기 때문이다. 많은 기업들이 진지하게 고민해야 할 마케팅 전략이기도 하다. 테크놀로지를 마케팅 방법으로 활용할 때 소비자의 불편함을 효과적으로 덜어줄 수 있다. 테크놀로지는 근본적인 문제까지 건드릴 수 있기 때문이다. 마케터의 손에 테크놀로지가 있을 때, 더 이상 겸손한 조언자가 아니라 적극적인 문제의 해결자로 나설 수 있다.

더 프로텍션 광고The Protection AD

니베아Nivea는 일회용 웨어러블을 이용해 휴가지에서 미아를 방지하는 캠페인을 진행했다. 이 캠페인은 광고 분야에서 여러 상을 받았으며, 기발한 디지털 마케팅으로 소개되기도 한 '더 프로텍션 광고'이다. 니베아는 어린이가 사용하는 자사의 자외선 차단제를 알리면서도 해변에서 아이를 잃어버리지 않게 해주는 위치 추적기를 잡지 광고 지면에 실었다. 잡지의 한 귀퉁이에 자사의 로고를 넣은 방법인데, 이 로고에는 스마트폰과 연동이 가능한 블루투스 칩이 들어 있다. 부모가 스마트폰을 이용해 자사의 앱을 내려받은 뒤, 잡지에 있

니베아가 잡지 지면에 실은 자외선 차단제 광고. 잡지 한쪽을 뜯어내서 팔찌로 사용할 수 있게 했다. 팔찌 부분에는 스마트폰과 연동되는 위치 추적 블루투스 칩이 들어 있어서 해변에서 아이를 잃어버리지 않게 도와준다. 니베아는 자외선으로부터 피부를 지키고, 내 아이도 지킨다는 이중의 가치를 전달하는 데 성공했다.

던 로고 부분을 찢어 아이의 팔에 종이 밴드처럼 채워주면 아이의 위치를 손쉽게 검색할 수 있다. 아이를 가진 엄마의 입장에서 이 캠페인은 꽤 감동적이다. 사랑하는 내 아이를 지킨다는 가장 소중한 가치를 전달하면서 아이의 안전이라는 해결책을 바로 손에 쥐여주기 때문이다.

기술을 활용해 트렌드의 빈틈을 파고들다

테크피리언스 마케팅의 시작을 알리는 데 중요한 역할을 한 아마존은 음성 인식 기능을 사용하거나 제품의 바코드를 스캔하여 물건을 구매할 수 있게 만든 쇼핑 기기 대시를 선보였다. 그리고 2015년에는 대시 버튼을 내놓았다. 대시 버튼은 버튼을 한 번 누르면 가정 내의 생필품을 주문하고 구매할 수 있는 기기로, 아마존 온라인 쇼핑몰에 있는 원 클릭 버튼의 오프라인 버전이다. 소비자는 더 빨리, 더 간편한 사용법으로 화장지나 세제, 커피 캡슐과 같은 생필품을 살 수 있다. 이 기기를 이용한 서비스는 아마존과 제휴를 맺은 협력 기업들의 제품 254종에 한정된다.

예를 들면 대시 버튼에는 생필품의 특정 브랜드 로고가 인쇄되어 있다. 이것을 세탁기나 화장실, 주방 등 생필품을 자주 사용하는 장소에 붙여놓는다. 그리고 생필품을 다 쓰면 대시 버튼만 누르면 된다. 그러면 자동으로 주문되어 집으로 배달된다. 또 이 버튼은 아마존 앱을 내려받은 스마트폰과 연동되어 품목이나 주문량을 미리 지정해둘 수도 있다. 기존의 대시 같은 경우 구매자가 바코드를 직접 찍어서 인식해야 하거나 음성 인식으로 "화장지"라고 말하면 다양한 화장지 제품이 검색되었던 것과 달리 대시 버튼을 사용하면 구매자가 자주 사용하는 특정 브랜드 제품을 좀 더 편리한 방법으로 살 수 있다. 단지 아마존의 협력 기업 제품 254종 중에서 많이 사용하는 브랜드의 버튼을 몇 개만 가지고 있으면 된다. 특히 이 서비스는 특정 기업과 그 기업의 제품을 애용하는 소비자의 관계를 더욱 견고하게 만들어준다는 점에서 기업의 입장에서는 꽤 유용한 서비스다.

대시 버튼과 함께 선보인 '대시 채워 넣기 서비스Dash Replenishment Service'는 좀 더 진보된 기술을 보여준다. 이 서비스는 소모품을 주기적으로 채워야 하는 기기에 센서를 연결해 소모품이 부족할 경우 이를 미리 감지하여 자동으로 주문해준다. 예를 들어 브리타Brita 사에서 만든 정수기에 대시 채워 넣기 서비스를 더하면 센서가 정수기 필터의 수명을 예측해 사전에 주문해주는 것이다. 또한 퀄키Quirky 사에서 새롭게 출시한 스마트 가전제품 라인인 커피 머신, 분유 제조기, 애완동물 음식 자동 제공기도 이 서비스를 더하면 소모품 사용량을 예측하여 소모품이 떨어지기 전에 자동으로 예약 주문을 할 수 있다. 그뿐만 아니라 브라더brother 사의 프린터 역시 잉크 토너의 사용량을 파

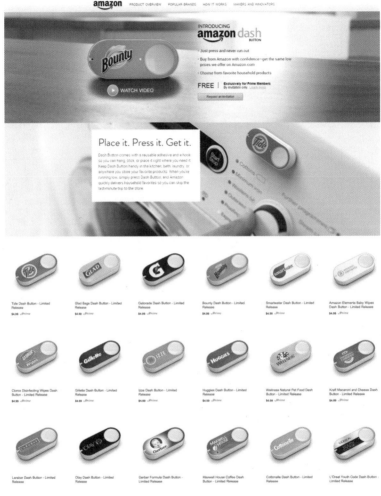

아마존 대시 버튼은 버튼을 누르기만 하면 생필품을 주문, 구매할 수 있는 디바이스다. 소비자가 자주 구매하는 제품을 좀 더 편리하게 살 수 있게 해줌으로써 기업은 소비자와 더욱 견고한 관계가 된다.

악하여 잉크가 떨어지기 전에 미리 주문할 수 있다. 이렇게 되면 잉크가 떨어진 줄 모르고 있다가 중요한 순간에 프린터를 쓰지 못하는 상황을 예방할 수 있다.

대시 채워 넣기 서비스를 사용할 수 있는 스마트 디바이스와 파트너 기업이 늘어나면 아마존 대시나 대시 버튼은 필요 없는 서비스가 될지 모른다. 소비자 입장에서는 이 서비스를 이용하면 생필품들이 언제 떨어지고, 언제 구매해야 하는지 고민하는 일 자체가 사라질 것이다.

아마존이 내놓은 이 새로운 서비스들은 기존의 소비자들이 생필품을 구매할 때 느끼던 부담을 획기적으로 줄여주었다. 생필품의 경우 자주 사용하기 때문에 늘 제품이 얼마나 소진되었는지 신경을 쓰고 시간을 쏟아야 했기 때문이다. 사실 아마존의 이러한 시도는 단순히 테크피리언스 마케팅을 넘어 유통 사업 분야의 새로운 생태계를 구축하려는 움직임으로 보인다. 아마존의 이러한 서비스가 확산된다면 소비자는 생활의 불편함을 줄일 수 있고 아마존 협력 기업들은 소비자에게 물건을 판매하는 여러 유통 채널 중에서도 소비자와 밀접하게 연관된 영향력 있는 판매 루트를 확보하는 것이다.

페덱스 센스 어웨어Sense Aware

누구나 한 번쯤은 온라인 쇼핑몰에서 물건을 샀을 것이고 이때

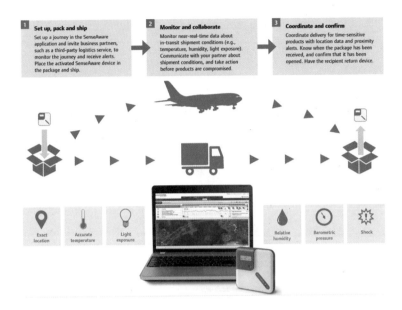

1 Set up, pack and ship

Set up a journey in the SenseAware application and invite business partners, such as a third-party logistics service, to monitor the journey and receive alerts. Place the activated SenseAware device in the package and ship.

2 Monitor and collaborate

Monitor near-real-time data about in-transit shipment conditions (e.g., temperature, humidity, light exposure). Communicate with your partner about shipment conditions, and take action before products are compromised.

3 Coordinate and confirm

Coordinate delivery for time-sensitive products with location data and proximity alerts. Know when the package has been received, and confirm that it has been opened. Have the recipient return device.

Exact location　Accurate temperature　Light exposure　Relative humidity　Barometric pressure　Shock

페덱스가 2010년부터 시작한 센스 어웨어 서비스는 위치, 온도, 습도, 기압 및 빛의 노출을 파악하는 다중 센서 기기를 이용해 배송물이 어디에 있는지 추적할 수 있게 도와준다. 어디서 어떤 문제가 발생했는지 알 수 있기 때문에 소비자뿐만 아니라 판매자에게도 유용하다.

택배 조회를 해서 현재 내 물건이 어디에 있는지 확인해본 경험이 있을 것이다. 현재 한국에서 제공하는 택배 조회 시스템은 물건이 어떤 물류 센터에 입고되어 있는지를 파악하는 정도의 수준이다.

세계적인 물류 업체 페덱스 익스프레스FedEx Express는 2010년부터 센스 어웨어 서비스를 제공하고 있다. 이 서비스는 위치, 온도, 습도, 기압 및 빛의 노출을 파악하는 다중 센서를 이용해 배송물이 현재 어디에 있는지 추적할 수 있다. 즉, 배송 중인 물품에 센스 어웨어 2000이라고 불리는 전자 태그를 부착해 위치뿐 아니라 배송물의 주변 상황인 온도나 습도, 기압이나 내용물이 빛에 노출된 여부 등의 정보를 파악해 구매자에게 실시간으로 전달하는 것이다. 이런 정보들을 가지고 구매자는 자신의 물건이 어디쯤 있는지는 물론 배송 중인 물건의 상태를 파악할 수 있다. 가령 물건이 충격으로 파손된 것은 아닌지, 비를 맞아 고장 난 것은 아닌지, 상하기 쉬운 물건이 오랫동안 고온에 방치되어 있지는 않은지 등을 파악할 수 있다. 이것은 나중에 물품이 깨지거나 상한 상태로 배송되었을 때 언제, 어디서 어떤 문제로 그렇게 됐는지 원인을 파악할 수 있게 해준다. 또한 공급자의 입장에서도 배송 환경에 민감할 수 있는 의약품, 분실 또는 파손 문제가 발생할 수 있는 고가의 보석류나 그림 등을 배송할 때 만약에 일어날 수 있는 문제들을 좀 더 신속하고 정확하게 처리할 수 있다.

위에서 든 사례 이외에도 테크놀로지는 우리가 먹는 것, 마시는 것, 입는 것, 타는 것과 관련해 많은 문제를 해결할 가능성을 열어주고 있다. 하지만 아직 테크놀로지는 마케팅 분야에서 응용하기보다는 새로운 상품이나 비즈니스 모델에 활용되는 경우가 더 많다. 그러나 니베아의 사례에서 보듯이 테크놀로지는 마케팅에도 충분히 응용할 수 있다. 이것이 마케터가 폭넓은 시각으로 테크놀로지의 트렌드를 살펴야 하는 이유다.

테크피리언스, 고객의 마음을 사로잡을 수 있는 무기

세계 최대의 국제 광고제인 칸 광고제에서도 시대의 변화가 반영된 전혀 다른 형태의 마케팅 솔루션들이 등장하고 있다. 광고 카피 한 줄로 광고제를 휩쓸던 시대는 지나갔다. 2015년 칸 광고제에서 2개 부문의 그랑프리를 수상한 볼보의 '라이프 페인트Life Paint' 캠페인은 그동안 볼보가 브랜드 이미지로 일관되게 추구해온 '안전'이라는 이미지를 테크피리언스로 보여주었다.

볼보는 오랫동안 'Volvo for Life'라는 슬로건을 통해 안전한 자동차의 대명사로 인식되어왔다. 볼보는 2020년까지 볼보 자동차 관련 교통사고 사망자를 '제로'로 하겠다는 비전을 제시했다. 볼보는 첨단 안전장치나 튼튼한 차체 등을 통해 교통사고 사망자 수를 줄이는 노력과는 별개로 도로의 자전거 이용자들로 인한 교통사고가 늘어나고 있는 문제를 직시했다. 영국에서는 해마다 1만 9000명의 자전거 운전자들이 사고로 부상을 입는다. 실제 우리나라의 경우에도 2000년 6,352건이던 자전거 교통사고가 2014년에는 1만 6664건으로 2배 이상 늘었다. 특히 야간에 자전거를 타는 운전자는 그들 자신뿐 아니라 자동차 운전자에게도 위험한 존재다.

볼보 라이프 페인트Life Paint

볼보는 고심 끝에 야간 자전거 운전자를 보호하기 위해 영국의 광고 에이전시 그레이런던Grey London과 반사 스프레이를 전문적으로 개발하는 스타트업 알베도100Albedo100과 함께 반사 스프레이를 개발했다. 라이프 페인트라고 이름 붙여진 이 스프레이는 자전거를 타는 사람의 자전거, 옷, 헬멧 등에 뿌리면 어두운 밤에도 헤드라이트 같은 빛에 반응해 하얗게 발광한다. 라이프 페인트는 투명해서 낮이나 평상시에는 눈으로 확인할 수 없지만 밤에는 자동차의 빛을 반사한다. 이로써 자동차 운전자는 자전거 운전자를 식별할 수 있어 사고를 예방한다. 라이프 페인트는 일주일간 지속되며, 간단한 세탁만으로 지울 수 있고 피부에도 영향을 주지 않는다.

볼보가 라이프 페인트 캠페인을 기획, 진행한 것은 볼보의 차량에 표준 장착하는 새로운 안전 운전 지원 시스템, 인텔리세이프IntelliSafe를 홍보하기 위한 것이었다. 인텔리세이프는 안전한 속도와 차간 거

오랫동안 안전한 자동차의 대명사로 인식되어온 볼보는 야간 자전거 운전자를 보호하기 위해 라이프 페인트라는 반사 스프레이를 개발했다. 자전거나 옷, 헬멧 등에 뿌리면 자동차의 헤드라이트 같은 빛에 반응해 하얗게 발광한다. 결국 사람의 안전을 최우선으로 한다는 볼보의 브랜딩을 강화하는 데 성공했다.

리를 유지하는 적응형 크루즈 컨트롤, 65km 이상 주행 중 차선과 스티어링의 움직임, 주행 궤도를 감시해 평범한 운전 스타일에서 벗어난 움직임을 파악해 경고하는 드라이버 경보 컨트롤 등 10가지의 안전 운전 기능을 지원하는 시스템이다. 이 시스템에는 프런트 그릴에 내장된 레이더와 프런트 윈도우에 장착된 디지털카메라로 보행자나 자전거를 타는 사람을 사전에 감지, 충돌을 예방해주는 기능을 포함한다.

볼보는 라이프 페인트 캠페인을 통해 자신들의 안전 운전 시스템을 효과적으로 알리면서 기술을 이용한 특별한 경험을 제공해 자신들이 추구하는 '안전'이라는 브랜드 이미지를 강화하는 데 성공했다. 자동차의 기능을 통한 판매뿐 아니라 결국 사람의 안전을 생각한다는 메시지를 테크피리언스 마케팅으로 제시한 것이다.

마케팅은 화학적으로 탈바꿈하고 있다. 과거에는 상품 그 자체의 핵심적인 효익을 메시지로 다듬어 소비자에게 전달했으나 이제 이러한 방식은 저물고 있다. 지금의 마케팅은 하나의 '경험'으로 소비자의 마음을 사로잡아야 한다. 이때 테크놀로지와 경험이 융합한 테크피리언스로 소비자에게 색다른 경험을 전달해야 한다.

테크놀로지는 마케터에게 이전에는 가질 수 없었던 새로운 힘을 부여했다. 브랜드 철학을 모호한 개념이 아닌 구체적인 현실로 만들 수 있고, 소비자에게는 즐거운 경험을 선사하며 그들이 겪은 삶의 부담감을 덜어주었다. 오랜 마케팅의 역사를 보면 소비자의 마음을 사로잡는 일은 시대마다 성격은 조금씩 다르지만 그 본질은 같았다. 중요한 과제였고 나름의 해법을 찾으며 발전해왔다. 그런 점에서 보면 테크놀로지를 이용해 구체적인 경험을 선물하는 것 역시 현재의 해결책일 뿐일지도 모른다. 하지만 분명한 것은 우리는 소비자의 마음을 관통할 강력한 무기를 하나 더 얻었다는 사실이다.

5장에서는 고객이 테크피리언스로 제품을 좀 더 생생하게 경험하려면 마케팅에 어떤 조건들이 충족되어야 하는지 살펴보았다. 브랜드 철학을 실현하고 즐거운 마케팅 경험을 제공하며 구매의 편의성을 제공하는 것, 이 세 가지 조건이 갖춰졌을 때 고객은 비로소 테크피리언스를 통해 제품과 기업을 신뢰하게 된다. 테크놀로지를 활용하고 있는 앞선 기업들은 이미 이것들을 반영해 제품과 브랜드의 가치를 만들고 있고 고객에게 그 가치를 전달하는 데 성과를 보이고 있다. 가능성이 이미 검증되었고, 점차 가속도가 붙을 것이다. 지금은 마케팅의 유전자에 테크피리언스를 주입하는 것이 절실한 시점이다.

6

테크피리언스
마케팅을 위한
브레인스토밍

20년 전만 해도 마케터는 인터넷 비즈니스를
꿰차고 있지 않아도 되었지만 지금은 그렇지 않다.
테크놀로지의 발전과 변화를 이해해야 마케팅이 보인다.
이것이 마케터가 민첩하게 테크놀로지와 고객의 변화를 이해해야 하는 이유다.
6장에서는 최근에 스타트업들이 테크놀로지를 결합해 만들었거나 만들고 있는
새로운 제품의 사례를 소개할 것이다.
사례로 든 기술이나 제품을 자신이 속한 산업 분야에 접목해본다면
고객의 경험을 강화하는 테크피리언스 마케팅으로 활용할 아이디어를 얻을 수 있을 것이다.

앞으로 마케팅은 새로운 환경에 놓인 고객을 이해하고 그 이해를 바탕으로 제품에 적합한 기술을 접목하는 방향으로 나아가야 한다. 그래서 기업은 고객이 기업의 핵심 상품 본연의 가치를 더욱 생생하게 경험하도록 해야 한다. 기술의 발전은 많은 사람이 더욱 편하게 생활하도록 만들어주었다. 이제 테크놀로지는 고객이 기업의 상품을 전보다 더욱 강하게 경험할 수 있는 기반을 제공하고 있다. 그것이 유형의 상품이든 무형의 상품이든 기업은 테크놀로지를 활용해 핵심 상품의 가치를 더 크게 보여줄 수 있다.

아는 만큼 보인다고 했다. 여행 가기 전에 그 지역을 미리 공부하면 여행하는 동안 아는 만큼 보여서 재밌다. 기술도 마찬가지다. 기술을 알면 그것을 접목해서 진행할 수 있는 더 획기적이고 재미있는 마케팅 방법이 많이 보일 것이다. 20년 전만 해도 마케터는 인터넷 비즈니스를 꿰차고 있지 않아도 되었지만 지금은 그렇지 않다. 테크놀로지의 발전과 변화를 이해해야 마케팅이 보인다. 이것이 마케터가 민첩하게 테크놀로지와 고객의 변화를 이해해야 하는 이유다.

이번 장에서는 최근에 스타트업들이 테크놀로지를 결합해 만들었거나 만들고 있는 새로운 제품의 사례를 소개할 것이다. 대부분은 마케팅의 경험을 강화하기 위한 수단으로서의 기술이 아닌 비즈니스 모델을 구현하는 기술들이다. 이 비즈니스 모델에 사용된 기술들을 이해하면 해당 기술이나 제품을 자신이 속한 산업 분야에 접목해서 고객의 경험을 강화하는 테크피리언스 마케팅으로 활용할 아이디어를 얻을 수 있을 것이다.

브리즈Breeze

우선 공감할 만한 가벼운 사례 하나를 먼저 소개하겠다. 직장인이라면 회식을 비롯한 여러 술자리가 많을 것이다. 이 중에서 차가 있는 직장인이라면 대리운전을 한 번씩 불러봤을 것이다. 사실 이 비용도 따지고 보면 만만찮아 은근히 부담된다. 그렇다고 근처에 주차하고 대중교통을 이용하자니 다음 날 출근하기가 불편하고 대리운전을 부르자니 돈이 아깝다. 특히 소주 한두 잔만 먹었을 경우, 운전해야 할지, 말아야 할지 갈등이 생긴다. 물론 술을 조금이라도 마셨다면 운전하지 않는 것이 맞다. 하지만 얼마 마시지도 않았고 스스로

휴대용 음주 측정기 브리즈는 스마트폰과 직접 연결하지 않아도 블루투스를 이용해 알코올 농도를 확인할 수 있다. 우버 택시와도 연계되어 있어 사용자의 알코올 농도가 일정량을 넘어서면 바로 택시를 부를 수도 있다.

전혀 취한 것 같지 않다고 생각하면 운전대를 잡고 싶은 유혹이 생긴다. 그리고 그런 유혹에 넘어가면 어김없이 음주 단속에 걸린다.

음주 단속 기간에 한 번씩 불어봤던 음주 측정기도 센싱 기술이 발전하면서 진화하고 있다. 기존의 휴대용 음주 측정기들은 스마트폰 장착형으로, 말 그대로 사용할 때 측정기를 스마트폰에 부착하고 운전자가 숨을 내뱉으면 그 호흡으로 알코올 농도를 알 수 있었다. 그러나 기술이 발전하면서 측정기를 스마트폰에 장착하지 않아도 블루투스를 이용해 사용할 수 있는 무선 음주 측정기가 출시되었다. 브레소미터Breathometer 사가 2013년에 출시한 브리즈가 그것이다. 이 측정기는 자동차 열쇠고리에 끼울 수 있을 만큼 작아서 휴대하기 편리하다는 것이 가장 큰 장점이다. 또 차세대 전기 화학식 센서를 적용하여 좀 더 정확한 알코올 농도 측정값을 알 수 있다. 호루라기처럼 사용자가 측정기를 입에 대고 숨을 내뱉으면 알코올 농도가 측정되는데, 블루투스로 측정기와 스마트폰이 연결되어 있어 앱에서 결과를 확인할 수 있다. 그뿐만 아니라 운전기사와 승객을 중계해주는 우버 사의 서비스도 연계되어 있어 사용자가 측정했을 때 일정량의 알코올 농도를 넘겼다면 택시를 부를 수도 있다.

만약에 이 측정 센싱 기술을 다른 산업 분야에 응용하면 어떨까?

브리즈와 우버를 연계한 것처럼 우선 국내의 대리운전 업체들이 해당 제품이나 기술을 활용해보는 것도 방법이다. 최근 다음카카

오가 대리운전 시장에 진출한다는 소문 때문에 대리운전 관련 업체들이 시위를 했다는 뉴스가 나왔다. 그만큼 국내 대리운전 산업 시장도 크게 성장했다. 국내 대리운전 시장은 연 4조 원 정도로 파악되며 약 8,000여 개의 업체, 일 평균 대리운전 이용객은 40만 명 이상으로 추산하고 있다. 업체들은 자신들의 번호를 노출하거나 대리운전 앱을 알리기 위해 다양한 마케팅을 하고 있다. 만약 대리운전 업체들이 자사의 서비스를 이용하는 고객들에게 적립금 대신 자동차 액세서리 형태로 된 음주 측정기를 제공한다거나 할인해서 판매해본다면 어떨까? 사용자가 측정 후 운전이 불가한 상태라면 앱을 통해 자동으로 대리운전 업체를 부를 수 있게 하는 것이다. 그렇다면 굳이 '앞뒤가 똑같은 번호'를 강조하는 광고는 필요치 않을 수도 있다.

그뿐만 아니라 국내 숙취 해소 음료 시장에서 마케팅 방안으로 이 기술을 활용해볼 수도 있다. 한국의 숙취 해소 음료 시장은 매년 꾸준한 성장세를 보여왔다. 2006년 약 700억 원에서 2014년 약 2000억 규모로 성장했는데, 잦은 회식 문화에도 건강을 챙기려는 사람들의 심리가 만들어낸 결과로 보인다. 주로 헛개컨디션, 여명808, 모닝케어 세 가지의 제품이 5 : 3 : 2 비율로 시장을 점유하고 있으며 CJ와 동아제약은 상품의 다각화를 꾀하면서 여성 전용 숙취 해소 음료를 내놓기도 했다. 이 기업들이 앞에서 언급한 음주 측정 센싱 기술을 마케팅에 적용한다면 자사 제품의 뚜껑에 센서를 부착하여 시장에 내놓는 방법을 써볼 수 있다. 제작 비용이나 소비자 반응을 고려하여 한정판으로 제작하면 큰 위험 부담 없이 시도해볼 수 있을 것이다. 또는 편의점이나 대형 마트의 냉장고 외부 벽면에 전용 측정기를 설치하는 프로모션도 진행해볼 수 있다.

시니어 | 액티브 시니어의 눈높이에 맞춘 서비스

건강하게 오래 사는 것은 인류의 공통된 바람이다. 웰빙이나 웰니스 열풍 역시 앞으로 계속될 것이다. 의학 기술의 발달로 실제 사람들의 기대 수명이 높아지면서 2030년에는 한국의 남녀 평균 기대 수명이 90세를 넘어설 것이라고 예측한다. 이렇게 기대 수명이 높아지면 한국 사회는 고령 사회를 넘어 초고령 사회로 진입할 것이다. 이제는 장수 리스크Longevity Risk라는 말이 나올 정도고 사람들은 '너무 오래 살아서' 자신이 예상했던 것보다 삶을 영유하기 위한 경제력을 더 갖춰야 할지 모른다.

최근에는 실버산업이라는 말이 사라지고 시니어Senior 또는 액티브 시니어Active Senior 산업이라는 말이 생겼다. 은퇴하고 나서도 하고 싶은 일을 찾아서 도전하는 50~60대를 일컫는 말인데, 무기력한 실버 세대라는 이미지를 대신해 능동적이고 주체적으로 보이고 싶은 노년층의 심리가 반영된 것이라고 볼 수 있다. 한국보건산업진흥원에 따르면 한국의 시니어 산업 시장이 2020년에는 125조 원에 이를 것으로 추정하고 있다. 현재 국내의 경우 1955년부터 1963년 사이에 태어나 1차 베이비붐 세대라 불리는 액티브 시니어가 714만 명으로 인구의 14.3%를 차지한다. 이들은 어려운 시대에 태어났지만 고도 경제 성장기를 맞으며 경제적 풍요로움을 맛봤고 그중 경제력을 갖춘 사람들이 지갑을 열고 있다. 기업들도 고령화 사회로 진입하면서 새로운 소비 계층으로 떠오르는 이들을 잡기 위해 다양한 준비를 하고 있다.

웰빙의 기본은 잘 먹는 것이다. 몸에 좋은 음식을 먹는 것만큼 건강을 지키는 좋은 방법은 없다. 시니어층에게는 특히 이러한 욕구가 더 크다. 그러나 정작 국내 외식 업체 중에서 이들을 대상으로 제대로 된 마케팅을 하는 곳은 거의 없다고 봐도 무방하다.

일본은 한국보다 한 걸음 앞서 고령화 사회로 진입했다. 일본의 외식 업계도 시니어를 공략하기 위해 다양한 마케팅을 하고 있다. 노후가 안정된 시니어들은 집에서 직접 음식을 해먹는 것은 귀찮고 비교적 외식을 많이 경험했기 때문에 외식에 크게 돈을 아끼지 않는다. 일본의 외식 업계는 이 심리를 간파하여 액티브 시니어들을 위한 각종 편의 시설을 매장에 모아놓거나, 외식과 집에서 먹는 밥을 적절히 배합한 건강식으로 메뉴를 만들어 홍보하는 등 소비층을 고려한 여러 가지 노력을 하고 있다. 국내의 외식 업계도 건강에 좋은 음식으로 다양하게 메뉴를 개발하거나 시니어에 눈높이에 맞춘 서비스를 확대해 그들을 사로잡아야 한다.

빨리 먹는 식습관이 건강 관리에 좋지 않다는 것은 누구나 알 것이다. 시니어뿐만 아니라 많은 사람이 웰빙에 관심을 두면서 건강한 식습관의 중요성이 조명되었다. 이를 방증하듯 사람들의 식습관을 관찰하고 분석한 연구 결과도 다양하게 나왔다. 미국 로드 아일랜드 대학교University of Rhode Island 연구팀은 음식을 천천히 먹으면 살이 찌지 않는다는 연구 결과를 내놨다. 고려대 의대 가정의학과 김도훈 교수 연구팀은 건강 검진을 받은 8,771명을 대상으로 식습관과 몸무게, 혈액 속 지방 수치를 비교했는데, 이 연구에서 식사 시간이 5분 미만인 사람들이 15분 이상인 사람들보다 중성 지방 수치가 16.3mg/dl나 높았고 몸에 좋은 콜레스테롤인 고밀도 지단백질HDL도 낮다는 점을 밝혀냈다. 이러한 연구 결과를 보면 과식을 하지 않고 빨리 먹는 식습관만으로도 중성 지방 수치가 높아질 수 있다는 결과를 도출할 수 있고 중성 지방이 많을수록 비만, 뇌졸중, 심근 경색과 같은 중증 질환에 걸릴 확률이 높아진다는 사실을 유추해볼 수 있다. 그래서 건강을 유지하려면 빨리 먹는 식습관부터 개선해야 한다.

해피포크Hapifork

물론 수십 년간 익숙해진 식습관을 고치는 것이 쉬운 일은 아니

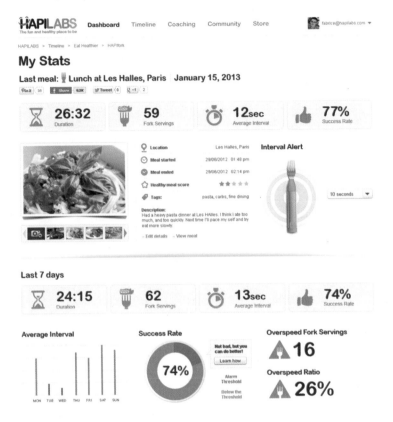

해피랩스의 해피포크를 사용한 뒤에 확인할 수 있는 정보 화면. 포크에 내장된 센싱 기술로 사용자가 포크를 사용하는 동작, 포크를 사용한 횟수, 음식을 섭취하는 데 걸리는 시간과 음식의 질량 등을 종합적으로 측정하고 분석한다.

다. 하지만 해피포크라는 테크놀로지 제품을 사용하면 이 문제를 해결하는 데 도움을 받을 수 있다.

해피포크는 겉으로 보기엔 일반 포크와 생김새가 같지만 포크에 부착된 센서를 통해 사용자의 식습관을 파악할 수 있는 테크놀로지 제품이다. 2013년 해피랩스Hapilabs 사가 킥스타터를 통해 투자를 받아 시제품을 만들면서 주목을 받았다. 이 제품은 내장된 센싱 기술로 사용자가 포크를 사용하는 동작, 포크를 사용한 횟수, 음식을 섭취하는 데 걸리는 시간과 음식의 질량 등을 종합적으로 측정하고 분석한다. 식사 시간과 포크의 사용 빈도 등을 파악하여 식사 속도가 빠를 경우 LED 조명과 진동으로 경고해 사용자가 적정한 속도를 유지하도록 도와준다. 분석한 결과는 블루투스로 연동되어 스마트폰 앱에서 볼 수 있다. 사용자는 이렇게 매일, 매번 먹는 것을 분석한 데이터를 홈페이지에 등록하면 자신에게 맞는 식사 계획이나 섭취해야 할 영양 성분, 필요한 운동에 관해 조언을 받을 수 있다.

일본에서 맥도날드가 2000억의 적자를 기록하고 한국 아웃백스테이크하우스가 30개 이상의 매장을 철수한 것도 건강한 식습관을 원하는 사람들의 심리가 외식 산업 트렌드에 반영된 결과다. 몸에 좋은 음식을 섭취하는 것으로 건강한 삶을 지키고자 하는 트렌드는 앞으로도 지속될 것이다. 그러므로 외식 업체는 건강에 좋은 음식 메뉴를 개발하는 것뿐만 아니라 해피포크와 같은 테크놀로지 기술을 활용해 소비자의 마음을 사로잡아야 한다. 가령 외식 업체가 이 기술을 활용한다면 해피포크의 제품을 다른 식기에도 도입할 수 있다. 또 해피포크에 내장된 센싱 기술을 활용해 식당을 방문한 소비자의 개별 식습관을 분석하고 그 결과를 소비자의 메일로 보내주는 서비스를 제공할 수도 있다. 이런 마케팅은 식당에서 천천히 음식을 먹는 습관을 강조하거나 소비자들의 건강을 생각하는 이미지를 강화하여 소비자에게 새로운 경험을 제공할 수 있다.

◈ 외식 | 잃어버린 신뢰를 되찾아주는 기술

외식 업계에서 음식의 신선도를 확인하는 것은 어떤 서비스를 제공하는 것보다 중요하다. 웰빙에 관한 소비자의 관심이 높아지면서 맛있고 신선한 음식을 먹고 싶어 하는 소비자들의 욕구는 더 높아졌다. 이 때문에 실제로 많은 회사가 자사 제품은 안전하고 신선하다는 것을 강조하고 있다. 외식 업계 역시 홍보 전략으로 자사 매장에서는 좋은 재료를 사용해 음식을 만든다는 것을 강조한다. 물론 소비자는 외식 업체들의 이러한 일방적인 주장을 일단은 믿는 수밖에 없다.

업계에서는 마케팅의 한 방법으로 매장의 주방을 공개하기도 하지만 대체로 주방이나 음식을 만드는 과정이 고객에게 전부 공개되는 것은 아니다. 그래서 고객은 오직 자신의 코와 혀로 '정말 신선한 재료로 만들어졌는가'를 추측할 수밖에 없다.

텔스펙Tellspec

텔스펙은 휴대용 푸드 스캐너로, 이 기기를 사용하면 음식의 영양 성분이나 칼로리 정보, 피해야 할 화학 성분, 원재료, 알레르기 유발 항원 등 다양한 정보를 알 수 있다. 먼저 스캐너를 음식 가까이에 대고 소리가 날 때까지 버튼을 누른다. 이때 스캐너가 음식을 훑고 지나가면서 음식이 가지고 있는 고유의 광자 에너지를 분석한다. 사용자는 이 정보들을 앱으로 받아볼 수 있다. 또 제품 자체가 열쇠고리에 부착할 수 있을 정도로 작아서 휴대하기 편리하다는 것도 큰 장점이다.

이 제품의 경우 음식의 유해 성분이나 영양 성분, 칼로리 등을 사전에 확인할 수 있어서 활용 분야가 넓다. 예를 들어 다이어트에 관심이 많은 여성을 타깃으로 한다면 식당에 텔스펙을 비치하여 소비자가 직접 음식의 칼로리를 확인하는 마케팅을 해볼 수 있다. 단순히 메뉴판에 칼로리를 표기해서 알려주는 것보다 자신이 먹는 음식의 칼로리를 본인이 직접 확인할 수 있으니 신뢰도 생기고 색다른 경험이 될 것이다. 또 음식을 먹을 때 "재료가 신선한가? 성분은 무엇인가? 칼로리는 얼마나 되는가? 알레르기를 유발하지는 않는가?"

WHAT'S IN YOUR FOOD?

휴대용 푸드 스캐너 텔스펙은 음식의 영양 성분이나 칼로리 정보, 피해야 할 화학 성분, 원재료, 알레르기 유발 항원 등 다양한 정보를 알려준다. 음식 가까이에 대고 잠시 버튼을 눌렀다 떼기만 하면 음식 고유의 광자 에너지를 분석한다. 건강에 대한 관심이 높아짐에 따라 이런 음식 관련 테크놀로지 제품들이 속속 등장하고 있다.

라고 질문하는 소비자도 있을 것이다. 이런 사람들을 대상으로도 안전한 먹거리를 지향하는 테크피리언스 마케팅을 시도해볼 수 있다.

페레스 전자 코Peres Electronics Nose

좀 더 정확하고 수치화된 방법으로 음식의 신선도를 확인할 수 있는 디바이스도 있다. 바로 '페레스 전자 코'라는 제품을 이용하면 가능하다. 리투아니아에 있는 카우나스Kaunas 공과대학의 연구진이 개발한 이 제품을 활용하면 다양한 고기(육류·어패류)의 신선도를 확인할 수 있다. 리모컨처럼 생긴 이 기기는 스마트폰과 블루투스로 연결되어 있어 고기를 향해 버튼만 누르면 센서가 작동하면서 고기의 신선도를 알려준다. 고기의 온도나 습도, 고기의 주변에 퍼진 암모니아의 농도, 고기에서 나오는 휘발성 유기 화합물의 농도를 종합적으로 측정하고 분석하여 고기의 신선도를 알려준다. 또 크기가 작아 휴대하기도 편리하다.

미국 캘리포니아 주 산호세San Jose의 한 음식점에서는 페레스를 이용해 재료의 신선도를 확인한다. 이 음식점의 매니저는 페레스를 사용한 덕분에 음식의 신선도를 유지하는 것이 효과적이었다고 말했다. 미국의 언론 매체 NBC와 같은 주요 외신도 가격 대비 페레스가 사용하기 편리하고 신선도를 분석한 결과도 알기 쉽게 설명해줘서 음식점뿐만 아니라 일반 가정의 주부에게도 활용도가 높다고 소개했다.

페레스 전자 코는 다양한 고기류의 신선도를 확인할 수 있게 해준다. 단지 고기를 향해 버튼을 누르기만 하면 센서를 통해 즉시 신선도를 스마트폰 앱으로 알려준다. 항상 신선한 고기를 취급해야 하는 음식점이나 일반 가정에서도 활용도가 매우 높은 제품이다.

최근 웰빙을 선호하는 외식 문화의 변화나 장기 불황 등 다양한 이유로 한때 문전성시를 이루던 패밀리 레스토랑이 하나둘 문을 닫고 있다. 스테이크를 먹지 않는 외식 문화가 확산되면 주메뉴가 고기인 패밀리 레스토랑이 문을 닫는 것은 어쩌면 막을 수 없을지도 모른다. 하지만 그런 이유가 아니라면 고객들은 이왕에 고기를 먹을 때 좀 더 신선한 고기를 제공하는 음식점을 찾을 것이다. 그러므로 마케팅 역시 고객이 신선한 고기를 먹고 있다고 스스로 확인할 수 있는 전략을 세워야 하지 않을까? 그런 점에서 고기를 주재료로 사용하는 외식 업체나 고기를 직접 판매하는 대형 마트에서 페레스와 같은 테크놀로지 제품을 활용할 수 있을 것이다. 고객에게 '신선한 고기를 사용하고 있다거나 판매한다는 것'을 정확한 데이터로 보여준다면 그들이 좀 더 업체를 신뢰하면서 맛있게 먹으리란 것은 자명하다.

밀크메이드 스마트 저그Milkmaid Smart Jug

신선도가 특히 중요한 품목은 고기뿐만 아니라 우유도 해당한다. 마트에서 우유를 사려는 사람들이 용기 상단에 적힌 유통 기한은 늘 주의 깊게 확인하는 모습을 심심치 않게 볼 수 있을 것이다. 실제 우유를 사는 사람들은 다른 제품보다 더 깐깐한 잣대로 제품을 보고 우유는 특히 더 신선해야 한다고 생각하는 경우가 많다.

'밀크메이드 스마트 저그'는 스마트 우유 용기다. 제너럴 일렉트

밀크메이드 스마트 저그의 기능은 심플하다. 하단의 스마트 베이스에 우유를 담은 용기를 올려놓으면 산도, 온도, 중량 등을 LED 램프로 보여준다. 우유 소비량이 급감하고 있는 시장에서 우유는 신선하게 먹어야 한다는 욕구를 '신선한' 발상으로 전환시킨 사례다.

릭 사와 미국의 소셜 혁신 상품 개발 전문 기업인 퀄키가 일상 생활 용품을 개선하자는 주제로 아이디어 경진 대회를 열었는데, 거기서 '스마트 우유 용기'를 발굴했다. 이 제품은 일반적인 유리병과 받침으로 구성되어 있지만 유리병 안에 센서가 내장되어 있어 우유의 상태를 알 수 있다. 산성이나 알칼리성의 정도를 인지할 수 있는 pH 센서와 온도 센서, 중량 센서가 있어서 우유가 상하면 이를 바로 감지한다. 스마트 베이스Smart Base라는 받침대 위에 용기를 올려두면 센서로 감지한 정보를 사용자가 직접 확인할 수 있다. 또 우유가 상하기 시작하면 LED 색상이 녹색에서 주황색으로 변하기 때문에 쉽게 알 수 있다. 남은 우유의 양과 예상 유통 기한, 우유를 새로 구매해야 할 시기를 알려주기도 한다. 이 모든 정보는 스마트폰과 연동되어서 사용자가 손쉽게 받아볼 수 있다.

한국의 우유 시장은 약 2조 원대 규모다. 그러나 우유 소비량은 2012년 28.1kg에서 2014년 26.9kg으로 계속 하락하고 있고 덩달아 우유 재고량도 늘어나고 있다. 우유를 판매하는 기업들은 음용 식초를 곁들이는 레시피를 개발하거나 할인 행사와 같은 가격 경쟁으로 구매를 유도하는 마케팅을 진행하고 있다. 한 우유 판매 기업은 우유 소비를 촉진하려고 지방 함량을 숫자로 표기한 우유를 내놓기도 했지만 큰 반향을 불러일으키지는 못했다.

그렇다면 '우유는 신선하게 먹어야 한다'는 소비자의 욕구를 충족하면서 제품의 상품 경쟁력을 더 강화하는 방안으로 앞서 소개한 밀크메이트의 센서 기술을 활용하는 건 어떨까? 개발된 센서 용기와 공동 마케팅을 진행할 수도 있고, 센서 기술을 활용해 자체적으로 프리미엄 시판용 제품을 만들어 마케팅을 해볼 수도 있다. 물론 개발 단계에서 많은 제약이 있을 것이고 비용 문제도 있을 테지만 테크놀로지를 접목해 고객이 '신선하고 품질 좋은 우유를 마신다'는 경험을 강화한다면 더 많은 소비자가 믿고 우유를 구매할 수 있지 않을까?

사람들이 먹고 마시는 제품 중에서 특히 소비를 많이 하는 품목이 커피다. 요즘 외식 업체에서는 후식 메뉴로 커피를 판매하는 것을 넘어서 아예 카페를 함께 운영하기도 한다. 물론 커피 전문점 자체만으로도 국내에만 2만 개의 매장이 생겨났을 정도로 수요가 상당하다. 2014년을 기준으로 한국의 성인은 1인당 340잔 이상의 커피를 마실 정도다. 커피 수입 규모는 6억 달러에 이르며 국내의 커피 관련 시장은 6조 원을 넘었다고 한다. 그러다 보니 커피 시장은 이미 치열한 경쟁 중이다. 프리미엄 마케팅을 내세워 아예 특정 원두를 고가에 팔거나 가격 경쟁을 통해 질 좋은 커피를 저렴한 가격에 공급하거나 브랜드 자체를 특화하는 등 업체마다 차별적인 마케팅을 진행하고 있지만 정작 고객은 차별성을 크게 느끼지 못한다.

커피 전문점이 늘어나면서 인스턴트커피 시장은 예전보다 수요가 줄었다. 하지만 여전히 1조 3000억 원 정도의 시장을 형성하고 있고, 인스턴트지만 커피 전문점에서 파는 원두커피를 지향하는 몇몇 제품들이 등장해 선전하고 있다. 가정에서 원두커피를 간편하게 마실 수 있는 캡슐 커피 머신 또한 꾸준한 인기를 얻고 있으며 1000억 원대 규모의 시장을 형성하고 있다. 커피가 한국에 들어온 지 불과 100년 정도밖에 되지 않았다는 사실을 고려했을 때, 기하급수적으로 커진 시장과 심화된 경쟁은 그만큼 한국인들의 커피 수요가 높다는 방증이고 앞으로도 그 수요가 급감할 것 같지는 않다. 결국 이 시장에서 살아남으려면 고객에게 차별화된 전략을 제공하는 것은 불가피하다. 그러나 말했듯이 기존의 전략으로 고객들에게 차별성을 느끼게 하는 것은 어렵다. 그렇다면 이 분야에서는 어떤 기술을 접목해 고객에게 차별화된 경험을 제공할 수 있을까?

베실Vessyl

이에 대한 해답은 스마트 컵 베실이 될 수 있을 듯하다. 영국의 퀸스 대학Queen's University에서 생체 컴퓨터 공학을 전공한 저스틴 리Justin Lee와 산업 디자이너 이브 베하Yves Behar가 공동으로 개발한 제품인 베실은 컵에 담긴 음료의 종류, 칼로리, 영양 성분들을 분석해주는 컵이다. 카페인이나 설탕, 지방, 단백질, 나트륨 등의 정보를 컵 측면에 있는 디스플레이를 통해 알 수 있다. 또 스마트폰과 연동되어 자

AUTOMATIC

IT KNOWS WHAT'S INSIDE

It's not magic, but close to it. The Vessyl knows and aggregates the makeup of everything you drink. No more guessing or journaling. It keeps track of what's important to you... all automatically.

스마트 컵 베실은 컵에 담긴 음료의 종류, 칼로리, 영양 성분들을 분석해준다. 카페인이나 설탕, 지방, 단백질, 나트륨 등의 정보를 컵 측면에 있는 디스플레이를 통해 알 수 있다. 사용자는 베실 스마트폰 앱을 통해 자신이 어떤 성분의 음료를 얼마나 마셨는지 확인할 수 있다.

신이 매일 어떤 음료수를 얼마나 마셨는지 기록할 수 있다. 방수 처리가 되어 있어 세척이 쉽고 한 번 충전하면 일주일 정도 사용할 수 있다. 2015년 가을에 상용화될 예정이어서 이것이 개인에게 얼마나 큰 효용을 줄지는 아직 미지수이지만, 이 정도까지 기술이 발전했다는 점은 주목할 만하다.

특히 음료나 외식 업계가 이 기술을 마케팅에 활용할 가능성은 충분하다. 예를 들어 앞에서 언급한 커피 업계에서는 이 스마트 컵에 내장된 기술을 활용해 소비자가 카페인의 양을 직접 조절할 수 있게 하는 것이다. 또 커피가 가장 맛있다고 하는 온도(일반 커피는 80~85도, 우유가 함유된 커피는 60~70도)를 설정해놓고 해당 시간을 타이머로 알려주는 방법도 활용할 수 있다. 스마트 컵을 활용해 매장에 비치된 다양한 음료의 영양 성분이나 칼로리를 분석해서 다이어트에 관심 있는 소비자가 이를 직접 확인하고 마실 수 있도록 마케팅에 활용해볼 수 있다.

육아 | 까다로운 엄마 고객 사로잡기

소비자에는 여러 유형이 있지만 가장 까다롭고 꼼꼼한 소비자는 아이를 둔 엄마다. 늘 내 아이에게 가장 좋은 것을 먹이고 입히고 경험하게 해주고 싶어 하는 욕구는 모든 엄마의 공통점이다. 그래서

인지 아무리 불황이어도 아이에게 먹이는 것은 아끼지 않는다. 이러한 심리를 가장 잘 보여주는 산업 분야가 분유 시장이다. 프리미엄 분유 시장은 2002년에 150억 원대였던 규모에서 현재는 1000억 원대로 성장했다. 2014년에는 남양, 매일유업 등이 장악한 프리미엄 분유 시장에 LG생활건강이 출사표를 던지기도 했다.

하지만 유아를 대상으로 한 식품이어서 유해 성분과 같은 안정성 문제가 항상 불거지는 시장이기도 하다. 2014년에만 하더라도 나트륨이 기준치를 초과했다, 세슘이 검출됐다는 논란 등으로 시끄러웠다. 이처럼 엄마들의 관심을 한 몸에 받기도 하지만 논란에 휩싸이면 매출이 급감하는 타격을 받는 위험 요소가 존재한다. 그래서 분유 시장에서 진행하는 마케팅은 대개 엄마들이 내 아이에게는 비싸더라도 아낌없이 주고 싶다는 메시지를 강조한 것이 가장 두드러지고 그 외에 차별화된 전략은 없어 보인다.

퍼스널 드링크 아이디Pd.id

이 분유 시장에서 활용해볼 만한 사례를 소개하면 제품 안에 담긴 성분을 감별할 수 있는 테크놀로지 제품인 퍼스널 드링크 아이디가 있다. 캐나다 토론토에 있는 퍼스널드링크아이디Personal Drink ID 사는 음료수 안에 어떤 성분이 들어 있는지를 감별하는 퍼스널 드링크 아이디란 휴대용 디바이스를 만들었다. 사용자가 이 휴대용 디바이스

퍼스널 드링크 아이디는 음료수 안에 어떤 성분이 들어 있는지 감별할 수 있게 해주는 휴대용 디바이스다. 유해 성분이 포함되어 있다면 LED 센서가 빨간색으로 변한다. 이런 기술을 응용하면 제품에 대한 고객의 신뢰도를 높일 수도 있다.

를 음료 안에 넣으면 센서가 내장된 디바이스가 자체적으로 소량의 음료를 저장하여 분석한다. 온도와 빛, 농도 등 여러 요소를 고려해 분석하며 이 결과에 따라 음료 안에 유해 성분이 포함되어 있는지 알수 있다. 만약 유해 성분이 포함되어 있다면 LED 센서가 빨간색으로 변한다. 그리고 성분에 대한 정보가 디바이스에 저장되어 있다면 정확한 유해 성분 정보를 제공해주기도 한다. 이 역시 스마트폰과 연동되고 문자나 전화, 앱으로 정보를 확인할 수 있다.

사실 이 디바이스 자체는 사람들이 약물이 담긴 음료를 마시고 피해를 당하는 것을 예방하려고 개발되었다. 하지만 앞서 소개한 사례와 마찬가지로 이것을 마케팅 분야로 넓혀서 생각하면 분유 시장에서도 충분히 제품의 기술을 활용해볼 수 있다. 가령 분유를 판매하는 업체에서 분유 안에 유해 성분이 있는지 걱정하는 엄마들을 타깃으로 하여 이 기술을 활용한다면 자사 제품의 안전성을 강조하는 마케팅을 할 수 있다. 또 유해 성분을 감별하는 젖병을 함께 제공할 수도 있다. 이 테크피리언스 마케팅을 경험한 엄마들은 제품에 대한 신뢰가 더 강해질 것이고 재구매 의사도 높아질 것이다.

분유와 젖병에 관한 이야기가 나온 김에 유아를 타깃으로 한 산업 분야로 확장해 좀 더 이야기해보자. 사물인터넷 테크놀로지를 활용해 유아와 관련된 제품을 생산하는 분야에서도 인상적인 비즈니스 모델이 생기고 있다.

2015년 라스베이거스에서 열린 국제 전자 제품 박람회에서 베이비 글러그 글러그Baby glgl(glug glug의 줄임말로 '꿀꺽꿀꺽'이라는 뜻)라는 스마트 젖병 커버가 소개되었다. 이 제품에는 센서가 내장되어 있어 젖병에 커버를 씌우면 젖병에 담긴 내용물의 무게와 기울기를 알 수 있다. 무게를 통해 현재 아기가 마신 우유의 양이나 우유를 마신 시간을 측정할 수 있다. 또 젖병의 기울기에 따라 램프가 점등되기 때문에 아기가 우유를 먹기에 알맞은 각도도 점검할 수 있다. 이 센서로 감지한 정보는 앱에서 확인할 수 있다.

수유 용품 브랜드인 토미티피Tommee Tippee 사에서도 클로저 투 네이처Closer to Nature라는 젖병을 출시했다. 이 젖병 안에는 온도 센서가 내장되어 있어 모유와 같은 온도인 37도를 기준으로 젖병의 온도를 측정한다. 37도에 미치지 않거나 넘으면 색이 변한다. 덕분에 아기가 분유를 먹기에 적당한 온도를 알 수 있다.

밀크 내니Milk Nanny

밀크 내니는 자동으로 분유를 타주는 테크놀로지 제품이다. 전용 스마트폰 앱을 이용하여 아기가 먹는 분유 바코드를 입력하면 밀크 내니에 내장된 분유 제품 중에서 일치하는 정보를 확인할 수 있다. 그러면 기기가 제품마다 가장 적합한 온도로 분유를 타준다. 한번 분유 레시피를 입력하면 그다음부터는 같은 방법으로 분유를 탈

아기를 둔 가정에서 시도 때도 없이 분유를 타는 일은 정말 귀찮은 일일 것이다. 밀크 내니는 아기가 평소에 먹는 분유의 레시피를 입력하면 그다음부터는 같은 방법으로 분유를 타준다. 이 기기는 분유를 타는 번거로움을 해소해줄 뿐만 아니라 자동 세척과 살균 기능까지 갖추고 있어 엄마 고객들의 마음을 확실하게 사로잡았다.

수 있다. 단 15초 만에 아기는 가장 최적의 상태로 탄 분유를 먹을 수 있다. 특히 이 제품은 밤낮의 제약을 받지 않기 때문에 엄마가 자다가 깨서 아기에게 분유를 타주는 번거로움을 줄일 수 있다. 그뿐만 아니라 엄마들은 매번 분유를 타고 나면 젖병을 뜨거운 물로 삶아야 했는데 이 제품은 자동 세척 기능과 살균 기능까지 갖추고 있어 엄마들의 불편함을 단번에 해소해준다.

아기를 2~3명 낳는 경우엔 첫아기를 낳을 때만 초보 엄마지만 지금은 아기를 한 명씩만 낳기 때문에 모든 엄마가 초보다. 하나밖에 없는 아기를 건강하게 키우고 싶어 하는 욕구만큼 큰 것이 또 있을까? 분유나 유아 용품을 취급하는 업체뿐만 아니라 유아와 관련된 서비스를 제공하는 여러 기업이 나날이 발전하는 테크놀로지를 활용해 엄마들에게 새로운 경험들을 제공한다면 아마 엄마라는 고객의 마음은 확실히 잡을 수 있을 것이다.

유기농 | 더 이상 의심하지 않아도 되는 유기농

분유나 유아 용품뿐만 아니라 국내 유기농 식품 시장도 몇 년새 가파르게 성장하고 있다. 한국농촌경제연구원에 따르면 2006년에 1300억 원대 규모에 머물렀던 국내 유기농 식품 시장은 2020년에는 7조 원대를 넘어설 것으로 전망한다.

국내의 유기농 식품 유통 업체는 초록마을, 한살림, 올가, 자연드림 등이 있으며, 이들 4개 업체가 서로 경쟁하면서 2014년에만 매장을 91개로 늘렸고 전국에 800개가 넘는 매장이 성업 중이다. 동종 업계 1위인 초록마을은 2014년에 전년 대비 매출이 30%나 늘면서 1800억 원의 매출을 달성했고 올가는 29%, 한살림이나 자연드림도 10% 이상 매출이 늘었다. 그뿐만 아니라 이마트나 롯데마트 등의 주요 대형 마트에서도 유기농 식품 매출이 늘어 2014년에 두 자릿수로 성장했다. 업계는 전문 업체와 대형 마트의 유기농 매장을 합치면 전체 시장 규모가 3조 원에 이를 것으로 전망하고 있다.

이렇게 유기농 식품의 인기가 높아지면서 몇몇 식품 업계는 정부가 정한 유기농 원재료 함량에 따른 세부 표시 기준을 지키지 않고 무분별하게 제품을 생산하기도 한다. 이것은 당장 매출을 증가시킬 수 있을지는 모르지만 이러한 것들이 결국 소비자에게 불신을 심어주는 요인이 되며 선량한 다른 업체들도 피해를 볼 수 있다.

랩카 Lapka

러시아에서 만든 랩카는 개인용 환경 모니터를 표방하는 디바이스다. 4개의 센서로 구성되어 있는데 방사능, 유기농, 전자기장 EMF(Electromagnetic Field)과 습도와 온도 등을 측정할 수 있다. 물론 세트로도 살 수 있고 개별적으로도 살 수 있다. 보기에는 휴대전화 액

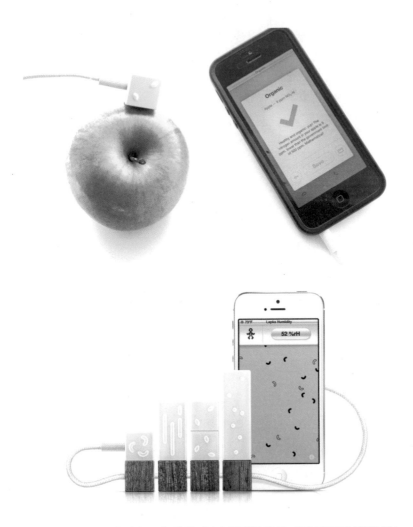

내가 먹는 유기농 식품은 정말 유기농인가? 러시아에서 만든 랩카는 이런 궁금증과 불안을 해소해주는 개인용 환경 모니터링 디바이스다. 4개의 센서는 각각 방사능, 유기농, 전자기장, 습도와 온도 등을 측정한다. 작은 스테인리스 탐침을 제품에 찌르면 질산 이온 농도를 스마트폰 화면에 보여준다.

세서리로 보이지만 스마트폰 잭에 연결하면 앱에서 센서로 측정한 결과를 확인할 수 있다.

랩카의 센서는 우리가 인지하지 못하는 입자나 이온 분자 등을 인식하여 측정한다. 사용자는 이 결과로 현재 장소가 환경 오염 기준치를 넘지 않았는지 알 수 있다. 방사능 센서는 주변에 있는 방사능 입자를 측정한다. 유기농 센서는 질소가 들어 있는 비료를 사용할 때 나오는 질산염의 양을 측정하여 유기농 재배 여부를 알 수 있게 해준다. 랩카의 유기농 판별 통에는 스테인리스 탐침이 내장되어 있는데 이 침을 과일이나 채소에 찔러서 전도도를 측정한다. 전도도를 측정하면 합성 비료, 즉 질소계 비료에 들어 있는 질산 이온 농도의 수치를 확인할 수 있다. 질산 이온의 수치가 제한된 양을 넘겼다면 유기농에 맞는 재배 방식이 아닌 것으로 판단한다. 그 외에도 전자기장 센서를 통해 고주파, 저주파의 전자기장을 측정하여 주변 환경이 전자파에 얼마나 노출되어 있는지 알 수 있다.

펭귄Penguin

국내 스타트업이 개발한 테크놀로지 제품도 있다. 바이오센서연구소는 펭귄이라는 플랫폼을 선보였는데 이것으로 우리는 식품 유해 물질을 측정할 수 있다. 고기의 살점에서 추출한 육즙이나 과일·채소의 즙을 디바이스에 내장된 통에 넣고 분석하는 방식이다. 가령 내장된 통에 육류의 일부를 넣으면 해당 육류에 포함된 항생제의 종류를 알 수 있고 이 항생제가 식품의약국의 기준치를 초과했는지도 알 수 있다. 자신이 먹을 고기나 채소에 항생제나 농약 등의 유해 물질 성분이 남아 있는지 확인하고 안전성 여부를 직접 점검하여 먹을 수 있으니 먹는 사람의 입장에서도 신뢰가 쌓인다.

소비자들은 다른 식품에 비해 비싼 돈을 지불하고 유기농 식품을 사기 때문에 특히 항생제나 농약의 잔존 여부를 의심하고 싶지 않다. 더불어 몸에 좋은 식품을 산다는 신뢰도 함께 사고 싶을 것이다. 만약 유기농 제품을 판매하는 업체들이 랩카나 펭귄 같은 테크놀로지를 활용한다면 소비자들을 안심시킬 수 있다. 가령 초록마을에서 매일 들어오는 과일이나 채소를 랩카나 펭귄 같은 디바이스로 점검해 고객에게 안전성 여부를 직접 확인하게 해줄 수 있다. 이러한 방법으로 고객에게 믿음을 주면 그들의 구매 의지도 높일 수 있을 것이다.

◆

제약 | 사소한 배려가 충성 고객을 만든다

건강보험심사평가원에 따르면 고혈압 환자가 2009년에 487만 명에서 2013년에는 13.1%가 늘어나 551만 명으로 증가했다고 한다. 당뇨병 환자 역시 190만 명에서 231만 명으로 21.6%나 늘었다. 이 때문에 관련 진료비도 각각 8104억 원, 5819억 원으로 21.6%, 30.4%나 증가했다.

이러한 추세에 따라 국내 고혈압 치료제 시장은 2014년을 기준으로 1조 8000억, 당뇨 치료제 시장은 5000억 원 정도의 규모로 커져 지속적인 성장을 이어가고 있다. 가파르게 이어지고 있는 고령화 추세를 본다면 고혈압이나 당뇨병 치료제 시장은 앞으로도 성장할 가능성이 크다.

고혈압과 당뇨는 질환 자체도 위험하지만 뇌졸중이나 심근 경색, 실명이나 족부 절단 등의 치명적인 합병증을 동반할 수 있기 때문에 의식적으로 꾸준한 관리가 필요한 중증 질환이다. 이 질환을 관리하는 하나의 방법이 정기적으로 약을 먹는 것인데, 사실 혈압 약이나 당뇨 약 등 매일 여러 가지 약을 동시에 챙겨 먹는 일은 생각처럼 쉬운 일이 아니다. 며칠 처방받은 약도 하루이틀 지나면 잊어버리기 쉬운데 장기적으로 복용해야 하는 경우라면 잊어버리는 빈도수가 더 높을 수밖에 없다. 약 먹는 것을 잊어버리는 것도 문제이지만 때때로 한 번 먹은 약을 중복해서 먹는 일도 문제다. 이렇게 중요한 약을 잊거나 중복해서 먹는 일은 환자에게 매우 위험할 수 있다.

스마트 필 보틀Smart Pill Bottle

하지만 애드히얼테크Adheretech 사의 스마트 필 보틀처럼 테크놀로

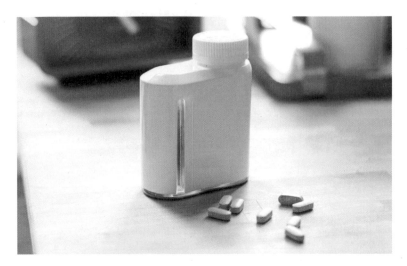

스마트 필 보틀은 환자가 언제 약통을 열고 닫았는지 데이터를 수집하여 복용 시간을 놓치지 않도록 도와준다. 시간을 놓치면 보호자 또는 환자 본인에게 문자나 전화로 알려준다. 제약 회사가 이런 기술을 잘 활용하면 충성 고객을 확보하는 데 큰 도움이 될 것이다.

지를 활용한 약통이 있으면 환자들이 잊지 않고 제시간에 약을 먹을 수 있다. 이 약통은 환자가 언제 약통을 열고 닫았는지 데이터를 수집하여 환자가 복용 시간을 놓치지 않도록 도와준다. 만약 환자가 복용 시간을 놓쳤다면 보호자에게 문자나 전화로 대신 알려주기도 한다. 환자에게 복용 시간을 알려주었는데 환자가 약 뚜껑을 여는 행동을 하지 않았다면 약을 먹지 않았다는 것으로 인지하고 약통에서 알람이 울리거나 조명이 켜진다.

메모 박스Memo Box

영국의 케임브리지 대학의 학생들이 만든 티니로직스Tinylogics가 개발한 메모 박스 역시 비슷한 개념의 스마트 약통이다. 이 제품 역시 킥스타터에 등장해 목표 펀딩을 달성했다. 메모 박스는 작은 지갑 크기의 상자인데 약통에 알람 기능이 내장되어 있다. 가령 항상 약통을 휴대해야 하는 사용자가 약통을 두고 나왔을 때 알람으로 알려준다. 메모 박스는 사용자의 이용 행태를 분석하여 약을 먹어야 하는 시간이 지났을 경우에도 경고음을 울려 알려준다. 지정된 시간에 정확히 알려주는 형태가 아니라 사용자의 행동 패턴을 분석하여 좀더 지능적으로 복용 여부를 파악하고 행동을 예측한다. 박스에 있는 버튼을 누르면 사용자가 언제, 어떤 약을 먹어야 하는지 스마트폰으로 확인할 수 있다.

지금까지 제약 산업은 의료 지식에 대한 전문성이나 생명과 직결된 질병을 다룬다는 민감함 때문에 마케팅에 늘 한계가 따랐다. 잡화 형태로 판매해서 성장한 제약사들의 기반도 마케팅을 어렵게 하는 데 한몫했다. 이 때문에 이른바 리베이트가 마케팅의 전형인 시절도 있었다. 하지만 2014년에 도입된 리베이트 투 아웃 제도(제약사가 자사의 특정 의약품을 채택한 병원이나 의사에게 리베이트를 제공한 사실이 두 번 적발되면 해당 제품을 건강 보험 급여 대상에서 제외하는 제도)로 인해 제약사들은 새로운 마케팅 방법을 찾지 않을 수 없게 되었다.

실제로 고혈압이나 당뇨 등 장기적으로 복용해야 하는 약들은 한번 선택하면 쉽게 바꾸지 않기 때문에 제약사는 지속적인 수익을 기대할 수 있다. 전문적인 약 처방은 의사의 고유 권한이기 때문에 소비자가 개입할 여지가 적다. 하지만 비타민이나 영양제처럼 전문의의 처방이 특별히 필요하지 않고, 효능에도 큰 차이가 없는 종류의 약이라면 제약사는 좀 더 다양한 시도를 해볼 수 있다.

전문적인 약을 논외로 하고 전문의의 처방이 필요하지 않은 비타민처럼 소비자가 직접 선택할 수 있는 약을 대상으로 할 때 제약사는 테크놀로지를 활용한 약통을 마케팅에 도입해 고객이 좀 더 편리한 방법으로 약을 먹게 해서 그들을 사로잡을 수 있다. 제약사의 입장에서도 판매하는 약품의 효과를 제대로 확인하려면 환자가 꾸준히 약을 먹어야 하기 때문에 장기적으로 자사의 약을 먹는 사람이 많아질수록 더 많은 데이터를 수집할 수 있다. 소비자의 장기적인 구매를 유도하려면 결국 소비자를 사로잡아야만 한다. 이때 테크놀로지를 활용한 약통으로 구매를 유도하여 환자의 데이터를 수집하고, 이것을 다시 제품 개발이나 다른 마케팅 방안에 활용할 수도 있다. 물론 약통으로 인해 소비자에게 신선한 경험을 제공한다면 그들의 재구매 의사도 높아질 것이다.

레저 | 자전거족을 위한 색다른 아이디어

사람들은 웰빙과 건강 관리뿐만 아니라 문화생활이나 여가 활동, 여행에 대한 관심도 높다. 특히 야외 문화활동을 즐기는 사람들이 늘면서 이를 방증하듯 국내 자전거 산업은 5년 사이에 시장 규모가 2배로 성장했으며 불황을 모르는 산업 중의 하나가 되었다. 2014년의 시장 규모는 6000억 원으로 추산되며 국내 자전거 인구는 1200만 명으로 예측된다. 전체 인구 4명 중 1명이 자전거를 즐기고 있다는 말이다. 서울의 자전거 동호회 수만 추려도 500여 개가 넘는다. 이렇게 사람들의 자전거에 관한 지속적인 수요 때문인지 서울의 한강과 경기도, 4대강을 따라 자전거 도로도 정비되었다. 이것은 다시 자전거를 타는 사람들의 수를 늘리는 데 한몫하고 있다.

이러한 자전거 열풍에 힘입어 국내 자전거 판매 업체들의 매출도 늘어났다. 국내 시장 점유율 1위를 기록한 삼천리자전거는 2014년에 1219억의 매출을 기록하며 전년 대비 10%의 성장률을 보였으며 2015년 상반기에도 동기 대비 10%의 성장률을 기록했다. 삼천리자전거는 매출 증가 요인의 하나로 자전거로 출퇴근하는 이른바 '자출족'을 꼽았다. 또 접이식 자전거의 판매뿐만 아니라 헬멧, 전조등, 자물쇠처럼 자전거를 타는 데 필요한 액세서리의 판매량이 증가한 것도 매출 향상에 도움이 되었다고 밝혔다.

업체들은 이러한 활황에 맞춰 소비자들의 구매 심리를 자극할 새로운 제품을 기획하고 있다. 고객에게 맞춤형 서비스를 제공하려는 목적으로 개인의 취향에 따라 원하는 색상과 자전거 부품을 선택하여 조립할 수 있게 한다거나 신체 사이즈에 맞춰 주문 제작도 가능하다. 그뿐만 아니라 무게가 가벼워 스포츠 용품에 많이 사용하는 카본이나 티타늄 등을 소재로 한 수백만 원대의 고급 자전거와 친환경 교통수단으로 관심을 받는 전기 자전거도 지속적으로 개발돼 소비자의 이목을 집중시키고 있다.

이러한 자전거 시장의 호황은 동종 업계에만 영향을 미치는 것이 아니다. 패션 관련 업체에서도 자전거 시장의 성장을 눈여겨보고 있다. 포화 상태에 도달한 아웃도어 의류나 불황의 직격탄을 맞고 있는 의류 업계는 자전거 시장을 통해 새로운 성장 동력을 얻으려고 한다.

최근 빈폴과 알톤스포츠는 협업 의사를 밝히며 양해 각서를 썼다. 빈폴은 바이크 리페어 숍에 자전거 전용 의류와 액세서리를 선보이기로 했으며 빈폴의 자전거 전용 의류와 액세서리들은 알톤스포츠의 매장에서 판매되기도 한다. 반대로 바이크 리페어 숍에서는 알톤스포츠의 자전거를 살 수 있다.

국내 1위 아웃도어 의류 업체인 노스페이스의 관계사 영원무역은 스위스 자전거 업체인 스캇스포츠Scott Sports 사와 합작 투자하여 2011년 스캇노스아시아를 공동 설립했다. 이를 통해 영원무역은 자전거 산업 시장에 진출함은 물론 바이크 아웃도어 의류라는 새로운 시장으로 진출하려고 계획하고 있다.

끝없이 늘어나는 가계 부채와 전세난, 여기저기서 들려오는 불황의 신음과 저속 성장에 대한 불안이 가득하지만 자전거 시장만큼은 예외인 듯하다. 특히 외국의 자전거 보급률과 비교했을 때 수요에 비해 국내 보급률은 25%에 그쳐 앞으로 지속적인 성장이 기대된다.

코비Cobi

그렇다면 자전거 시장에서는 어떤 테크놀로지가 상용되고 있으며 스타트업들은 어떤 제품을 구상하고 있을까? 자전거 산업 시장의 호황 여부는 나라마다 다르지만 세계의 여러 스타트업들이 기존의 자전거에 좀 더 다양한 기능을 탑재하려고 고민하고 있다.

먼저 소개할 코비는 독일의 스타트업이 개발한 자전거 제어 시스템이다. 스마트 바이크 시스템을 표방한 코비는 다양한 부가 기능을 제공하기 때문에 여러 가지 액세서리의 기능을 하나로 통합해서 쓸 수 있으며 사용자의 스마트폰과 연동되어 사용법도 간단하다. 킥스타터를 통해 40만 달러 이상의 투자를 받으며 많은 자전거 애호가의 관심을 받았다.

코비의 기본적인 구성은 앞뒤로 LED 전조등이 있으며 앞에는 스마트폰 거치대가 있다. 먼저 전방에 설치된 LED 전조등은 주변이 어두워지거나 날씨가 흐리거나 밤이 되면 자동으로 불이 켜진다. 또 스마트폰을 소지한 채 자전거 가까이에 접근하면 블루투스로 연결되어 있는 시스템이 사용자를 인식하여 전조등이 커진다. 후미등의 경우 브레이크를 잡으면 경고등으로 쓸 수 있고 컨트롤러를 이용하면 좌우 깜박이를 표시할 수도 있다.

코비에서 제공하는 앱을 사용하면 자전거를 타면서 스마트폰으로 내비게이션 기능을 이용할 수 있다. 속도나 거리 정보를 확인할 수 있고 음성 지원도 된다. 디스플레이를 통해 실시간으로 현재 기온이나 자전거의 속도, 주행 거리는 물론 경사도와 고도까지 알 수 있다. 웨어러블 디바이스가 있다면 심장 박동 수, 칼로리 소모량 등도 확인할 수 있어서 운동을 목적으로 자전거를 타는 사람들에게 유용한 데이터를 제공한다. 또 친구들과 자전거를 타며 경기를 한다면 순위를 집계할 수도 있다. 물론 이렇게 특화된 기능 외에도 기본적

독일의 스타트업이 개발한 자전거 제어 시스템 코비. 자전거 앞뒤에 전조등을 장착하면 주변 조도나 사용자의 접근을 인식해 불이 들어온다. 스마트폰 앱으로 속도나 거리 정보, 기온 등도 확인할 수 있다.

으로 음악을 듣거나 전화하기는 물론 앱을 통해 자전거 타기 좋은 날씨도 확인할 수 있다.

이 제품에는 도난 경보 시스템도 내장되어 있어서 사용자의 초기 설정과 달리 자전거가 비정상적으로 움직이면 스마트폰으로 경고 메시지를 보낸다. 그뿐만 아니라 이런 기능을 이용하려면 주로 앱을 사용하기 때문에 배터리 소모율이 높은데 코비 시스템은 6,000mAh 보조 배터리를 기본으로 장착하고 있어 오랜 시간 스마트폰과 제어 시스템을 사용하기에 충분하다.

스카이락 Skylock

코비와 같은 제어 시스템뿐만 아니라 스마트 자물쇠와 같은 테크놀로지 제품도 개발되었다. 스마트 자물쇠인 스카이락은 별도의 열쇠가 없어도 스마트폰으로 제어가 가능하다. 자동차의 스마트 키처럼 스마트폰을 자전거에 가까이 대면 자동으로 잠금이 해제되고 자전거에서 멀어지면 다시 자물쇠가 잠긴다. 스카이락을 이용하면 일일이 자전거 자물쇠를 채웠다가 풀어야 하는 불편함에서 벗어날 수 있다. 스마트폰과 자물쇠의 거리도 사용자가 설정할 수 있다. 스마트폰의 배터리가 없을 경우를 대비해 자물쇠에 있는 터치 패드를 통해서도 자물쇠를 열 수 있다. 또 코비처럼 사전에 사용자가 설정하면 자전거가 비정상적으로 움직일 때 사용자의 스마트폰으로 경고 신호를 보내준다. 혹시 모를 사용자의 사고에 대비해 일정한 충격이 감지되면 사용자의 상태를 확인하고 일정 시간 후에도 반응이 없을 경우 미리 지정한 연락처에 현재 위치를 알려주기도 한다. 물론 자전거를 친구나 다른 사람에게 빌려줄 때도 열쇠나 자물쇠를 전달해야 하는 불편함이 없다. 지인에게 앱의 접속 권한을 부여하기만 하면 사용자와 동일하게 자물쇠를 제어할 수 있다. 자전거가 어디에 있는지 지도 앱으로 확인할 수 있다.

국내의 자전거 시장은 호황을 맞고 있고, 그 흐름이 당분간은 지속될 것으로 보인다. 이러한 환경에서 고객의 관심을 이끌고 매출을 늘리기 위해 새로운 제품을 기획하는 작업은 상당히 부담이 되는 과제일 것이다. 새로운 모델을 기획하는 것도 좋지만 코비나 스카이락이 보여준 기술을 활용한다면 시간과 비용을 단축하면서도 기존의 사용자들에게 새로운 경험을 제공할 가능성이 높아질 것이다.

여행 | 불편지수 제로에 도전하다

사람들은 생활의 질이 높아지면서 스스로 삶의 만족도를 높이려는 다양한 시도들을 해왔다. 단순히 건강을 관리하거나 가벼운 여가 생활을 즐기는 것에 만족하지 않고 해외여행처럼 좀 더 넓은 시야를 가지고 다양한 문화생활을 즐기고 싶어 한다. 2014년 한 해에 무려 1600만 명이 해외여행을 나섰고 2015년 1월에만 180만 명이 출국했다. 한국관광공사가 펴낸 〈2014 해외여행 실태 및 2015 해외여행 트렌드 전망〉 조사 보고서를 보면 설문 조사 응답자들은 2014년 한 해에 평균 1.9회 해외여행을 다녀왔고 2015년에도 80% 이상이 해외여행을 갈 계획이라고 답했다.

해외 여행객이 늘면서 여행과 관련된 산업들을 주도하는 업체들도 제품의 다양화를 넘어서 공격적인 마케팅을 시도하고 있다. 그 중에서 여행 가방과 관련된 사례를 하나 소개하겠다.

여행 가방은 우리가 여행을 갈 때 반드시 챙겨야 하는 필수품 중의 하나이다. 불과 몇 년 전까지만 해도 여행 가방은 짐을 넣는 제품 그 이상도 이하도 아니었다. 소비자도 대단한 기능을 요구하지 않았다. 똑같은 색상과 디자인으로 된 여행 가방을 들고 다녀도 이상할 것이 없었다. 다만 여행객들은 짐을 찾을 때 자신의 가방을 좀 더 쉽게 찾으려고 손수건을 하나씩 묶어놓았는데 그래서인지 짐을 찾는 컨베이어 벨트 앞에는 색색의 손수건이 묶인 비슷한 가방들이 줄지어 나오는 이색적인 풍경이 연출되기도 했다. 하지만 공항 패션이 유행하면서 지금은 옷차림뿐만 아니라 여행 가방도 하나의 보여주기 위한 요소로 자리 잡았다. 지금 시중에 판매되는 여행 가방은 디자인도 훨씬 다양하고 저마다 가볍고 튼튼한 첨단 소재들을 장점으로 내세워 소비자들을 유혹하고 있다.

블루스마트

2014년 펀딩 사이트 인디고고에는 블루스마트라 불리는 270달러짜리 스마트 여행 가방이 소개되었다. 신생 스타트업 블루스마트가 같은 이름으로 내놓은 이 가방은 스마트폰으로 연동되어 다양한 기능을 사용자가 손쉽게 제어할 수 있다. 몇 가지 기능을 소개하면 우선 비밀번호나 자물쇠를 사용하지 않아도 스마트폰으로 가방을 열고 잠글 수 있다. 스마트폰과 가방이 일정 거리 이상 떨어지거나 잠깐 가방을 두고 자리를 비울 때 자동으로 잠금 기능이 작동되기도 한다. 또 경보음 장치가 있어 가방을 잃어버리면 알람이 울리기도 하고 위치 추적 장치가 있어 분실이나 도난을 사전에 막을 수 있다. 그뿐만 아니라 이 가방에는 무게를 알려주는 디지털 저울이 내장되어 있어서 가방의 손잡이를 잡고 들면 무게를 측정할 수 있고 스마트폰으로 그 무게를 확인할 수 있다. 정해진 중량을 초과해 짐을 재정리해야 하는 난감한 상황도 예방할 수 있는 것이다.

무엇보다 이 가방이 여행객에게 주는 여러 편리함 중에서 눈에 띄는 것은 배터리가 내장되어 있어서 사용자가 가지고 있는 디지털 기기가 어떤 것이든 장소의 제약을 받지 않고 손쉽게 충전할 수 있다는 것이다. 요즘도 공항에 가보면 콘센트가 있는 곳을 찾아다니며 휴대전화나 디지털 기기를 충전하는 사람들을 어렵지 않게 만날 수 있다. 블루스마트는 공항 내에 충전할 수 있는 곳을 찾아다니는 번

The world's first smart,
connected carry-on.

스마트폰으로 제어되는 잠금 기능, 위치 추적 장치, 무게를 알려주는 디지털 저울, 디지털 기기 충전 기능, 노트북이나 태블릿 PC를 위한 별도의 수납 공간 등 블루스마트 여행 가방은 여행객들이 불편하게 여기는 것이 무엇인지 살피고 이것을 해결하기 위해 다양한 기능을 적용했다.

거로움을 스마트하게 해결한 것이다. 스마트폰의 경우 약 6번 정도 충전할 수 있도록 배터리 용량도 넉넉하다. 또 블루스마트와 연동되는 앱을 이용하면 여행객이 얼마큼의 거리를 여행했고 국가마다 체류 기간은 얼마나 되는지 기록할 수 있다.

블루스마트는 이처럼 기기를 활용한 기능뿐만 아니라 여행 가방 본연의 기능인 다양한 수납공간 활용과 내구성에도 신경을 썼다. 여행객들에게는 가방 깊숙이 처박혀 있는 노트북을 꺼내는 일이 귀찮은 일 중 하나다. 이 불편함을 해결하려고 노트북이나 태블릿 PC를 쉽게 넣고 뺄 수 있는 별도의 수납공간을 마련했다. 내구성도 마찬가지다. 강화 유리보다 150배 이상 충격을 잘 흡수하는 플라스틱의 일종인 3중 폴리카보네이트, 방수가 가능한 지퍼, 양극 처리 알루미늄 등 무게는 줄이되 견고한 제품을 만들기 위해 노력했다.

블루스마트는 해외 여행객들이 여행 가방을 사용하면서 가장 불편한 것이 무엇인지 살피고 이것을 해결하기 위해 기술을 활용했다. 제품을 보완해서 가치를 높였을 뿐만 아니라 불편함을 개선하여 여행객이 기존의 여행 가방 제품을 사용하면서 느끼지 못했던 편리함을 경험하게 했다. 블루스마트가 이 시점에 활용 가치가 높은 테크놀로지 제품이라는 것은 분명한 듯하다.

블루스마트가 보여준 획기적인 여행 가방의 기술들은 어떤 산업에서 활용할 수 있을까? 관광 산업이 커지면서 항공사나 여행사들의 경쟁도 치열하다. 그러다 보니 다양한 서비스를 제공하기 위해 고심하지만 소비자 입장에서는 큰 변별력을 찾기 쉽지 않다. 여행사가 제공하는 사은품들은 멀티탭이나 여권 지갑 정도뿐이다. 국내 항공사가 승객들에게 제공하는 서비스도 대동소이하다. 물론 모든 고객에게 퍼주기 식의 서비스를 제공할 수는 없다. 하지만 고가의 여행 상품은 수백만 원이 넘고 한 가족이 모두 이용할 경우 1000만 원을 훌쩍 넘기도 한다. 퍼스트나 비즈니스 클래스 항공료 역시 수백만 원이 넘는다.

여행사가 일부 고가의 여행 상품이나 VIP 여행객을 대상으로 블루스마트 캐리어를 대여해주거나 제공하는 서비스를 선보인다면 차별화된 여행 경험을 제공해줄 수 있다. 항공사 역시 마일리지 소진을 위한 좌석 업그레이드나 퍼스트 클래스를 위한 최상의 서비스 이외에 블루스마트를 제공하는 방법을 써볼 만하다. 고객이 여행 중 블루스마트를 통해 도난을 예방하거나 스마트폰이 절실한 순간 배터리 충전으로 도움을 받는 경험을 하게 되면 좋은 경험의 원천을 제공한 기업의 이미지도 올라갈 것이다.

블루스마트의 기능을 일부 차용해볼 수도 있다. 흔히 잃어버리기 쉬운 일반 가방이나 지갑, 우산 같은 곳에 센서를 달아 스마트폰과 거리가 멀어질 경우 알려준다면 '잃어버리지 않는 가방 또는 우산'이라는 경험을 제공할 수 있다. 여행 중에 생길 수 있는 여러 가지 불편함 중에서도 스마트폰 배터리 충전은 으뜸이다. 캐리어에 충전 기능을 넣은 것과 같이 이동 중 충전을 위해 일반 백팩에 태양광 충전지를 삽입하는 것도 가능할 수 있다. 국내 벤처기업 '요크YOLK'는 태양광 충전지 솔라페이퍼를 개발했다. 솔라페이퍼는 가로 9cm, 세로 19cm, 두께 1.1cm인 얇은 검은색 판으로 무게는 70g에 불과하다. 이 판은 햇빛을 받으면 전기를 생산하는데, 방전된 스마트폰을 2시간 30분 정도에 완충시킬 수 있다. 이런 기술을 학생들의 일반 가방이나 여행용 백팩 등에 적용한다면 좀 더 스마트한 경험을 제공할 수 있다. 또는 마트에서 모두 끌고 다니는 쇼핑 카트 같은 곳에 스마트폰 충전 기능을 추가하는 것도 편안히 쇼핑을 즐기게 해주는 경험을 제공해줄 수 있다.

블루스마트는 펀딩 사이트인 인디고고에서 50만 달러라는 투자목표 금액을 단시간에 달성했으며 2015년 12월 시판을 앞두고 200만 달러의 선주문을 기록했다. 블루스마트가 이렇게 소비자의 열광적인 반응을 얻을 수 있었던 것은 변화된 시대의 고객이 무엇을 원하는지 좀 더 자세히 관찰했기 때문이다. 그뿐만 아니라 관찰한 결과를 토대로 고객이 불편해하던 지점을 해결하고 그들에게 새로운 경험을 제공하기 위해 테크놀로지를 활용했다. 블루스마트가 활용한 기술은 사실 엄청나게 획기적이거나 대단한 것은 아니다. 몇 가지 센서를 활용하면 어려움 없이 만들 수 있는 기술들이다. 다만 기존과 다른 관점에서 기술을 제품에 접목시키려고 한 발상과 실제 이 기술이 소비자의 불편함을 얼마나 해소할 수 있는지 연구한 노력, 상용화하려고 발 빠르게 움직인 실행력 등이 동시다발적으로 시너지 효과를 냈기 때문에 소비자와 언론의 주목을 받을 수 있었다.

여행 갈 때 가져가는 필수품 중에는 자외선 차단제도 빠지지 않는다. 자외선은 백내장을 유발하는 주요한 요인으로 알려졌을 뿐만 아니라 피부 노화를 일으키는 주범이기도 하다. 요즘은 실내의 조명으로도 피부가 노화될 수 있어서 많은 사람들이 자외선 차단제를 꼼꼼하게 바른다. 최근에는 자외선 차단 기능이 추가된 화장품이 출시되고 있으며, 자외선 지수를 알려주는 스마트폰 애플리케이션도 등장했다.

수요가 많은 자외선 차단제에 테크놀로지를 결합하면 좀 더 소비자의 만족도를 높일 수 있지 않을까? 니베아가 어린이용 자외선 차단제 광고에 미아 방지 웨어러블을 접목했지만 엄밀히 따지면 이 제품에 사용된 기술은 자외선 차단제를 사용하는 경험 자체를 강화하는 것과는 거리가 있다. 아이를 잃어버리지 않게 하려고 위치 추적 기능이 탑재된 팔찌를 활용한 아이디어는 좋았지만 실제로 왜 이 자외선 차단제를 사서 써야 하는지 본질적인 이유를 설명하지는 못했다.

그래서 2015년 니베아는 제품 구매와의 연계성을 고려한 기술을 좀 더 응용했다. 자외선에 반응하는 재질UV-Sensitive로 만든 인형을 나눠주는 캠페인을 진행한 것이다. 이 인형은 햇빛에 노출되면 피부가 빨갛게 변한다. 아이들이 인형에 니베아 선크림을 발라주면 인형의 피부색은 원래대로 돌아온다. 아이들에게 인형 놀이를 통해 선크림의 필요성을 인식하게 한 것이다. 이렇듯 테크놀로지는 시시각각 발전을 거듭한다. 더 나아가 이제는 자외선 지수를 알 수 있는 디바이스도 등장했다.

준June

사람들은 자외선 차단을 중요하게 생각하지만 늘 자외선 지수를 확인하면서 생활하기는 어렵다. 그래서 프랑스의 네타트모Netatmo는 준이라는 웨어러블 디바이스를 개발했다. 준은 자외선 지수를 실시간으로 알려주는 팔찌다. 이 디바이스에는 보석이 부착되어 있는데, 이 보석에 자외선 지수를 측정하는 센서가 내장되어 있다. 센서가 측정한 자외선 지수는 스마트폰으로 볼 수 있고 사용자는 자신이 자외선에 얼마나 노출되었는지 확인할 수 있다. 또 준은 단순히 자외선 수치만을 보여주는 것이 아니라 스마트폰 앱을 이용해 사용자의 피부 상태를 진단하고 개인에게 필요한 지침을 제공해준다. 그뿐만 아니라 세계보건기구가 정한 자외선 수치를 기준으로 현재 자신

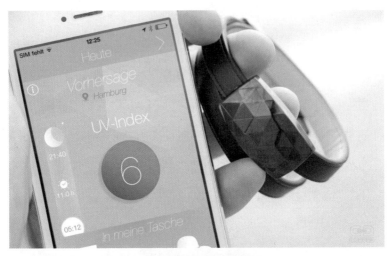

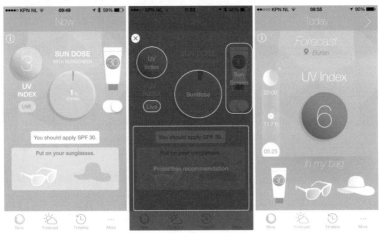

프랑스의 네타트모가 만든 웨어러블 디바이스 준. 자외선 지수를 실시간으로 알려주는 팔찌로 스마트폰 앱을 이용해 사용자의 피부 상태를 진단하고 개인에게 필요한 지침을 제공해준다.

에게 맞는 자외선 차단제를 제안하기도 한다.

　니베아처럼 자외선 차단제를 판매하는 기업이나 선글라스 같은 자외선 차단 제품과 관련된 제조 업체들이 이러한 자외선 수치를 파악하는 기술을 자사의 제품이나 마케팅에 접목한다면 어떨까? 자외선 차단제의 플라스틱 용기에 이 기술을 장착할 수도 있고 선글라스의 한 부분에 작은 센서를 장착할 수도 있다. 이를 통해 실시간으로 자외선 지수를 측정하고 스마트폰과 연동해 결과를 받게 한다거나 좀 더 욕심을 부려 구글 글래스Google Glass처럼 안경 자체에 화면을 띄워 자외선 지수를 확인할 수 있게 한다면 소비자들은 선글라스를 통해 새로운 경험을 할 수 있을 것이다. 이 기술을 자동차에도 적용해보면 어떨까? 자동차에는 선글라스를 보관하는 케이스가 꼭 하나씩 있다. 자동차의 유리창에 센서를 적용하고 자외선 지수가 올라갈 때 보관함 케이스에 신호가 오게 한다면 고객의 건강을 생각해주는 가치를 제공할 수 있다.

　여행 가기 전에 필수품을 챙기거나 여행 갈 장소에 대한 정보를 취합하는 것도 중요하지만 무엇보다 해외여행을 갈 때는 비행기 안에서 편안한 상태를 유지해야 한다. 특히 장거리로 비행해야 할 경우 숙면은 탑승객에게 매우 중요하다. 10시간 동안 앉아서 비디오를 보며 버티는 것도 한계가 있고 도착하고 나서 시차에 적응하거나 미리 계획한 일정대로 움직이려면 비행기 안에서 충분히 잠을 자며 체력을 안배하는 것이 여러모로 도움이 되기 때문이다. 항공사들도 탑승객이 기내에서 편안하게 숙면하도록 서비스를 제공하는 것이 중요하다는 것을 잘 안다.

델타Delta 항공이 자체 설문 조사를 한 결과에서도 탑승객들이 기내에서 가장 중요하게 생각하는 것이 바로 편안한 수면이었다. 이 항공사는 조사 결과를 토대로 탑승객들이 기내에서 숙면을 취할 수 있도록 웨스틴 호텔의 헤븐리 베드Heavenly Bed 침구류를 도입했다.

웨스틴 호텔의 헤븐리 베드 침구류는 고객에게 최적의 수면 서비스를 제공하려고 호텔에서 약 3000만 달러를 투자해 자체 제작한 상품이다. 거위 털 이불이나 900개의 스프링으로 된 매트리스 등 편안한 수면을 유도하는 소재와 제작 기술로 만들어져 유명하다. 항공사는 이 제품을 기내로 가져와 비즈니스 클래스 승객들에게 제공하고 있다. 이와 더불어 시간대에 맞게 조명을 조정하거나 안내 방송을 간소화하여 소음을 줄이는 등 다양한 서비스를 제공하려고 노력하고 있다.

다른 항공사들도 탑승객의 숙면을 도와줄 수 있는 다양한 아이디어를 내놓고 있다. 수면 양말이나 수면 안대, 귀마개와 가벼운 술 등 다양한 물품을 제공하는 것이다. 하지만 이러한 물품을 활용해 좁은 기내에서 장시간 숙면을 취하는 일은 쉽지 않다. 각종 소음이나 미세한 움직임이 사람을 불편하게 만들어서 결국은 숙면을 방해한다.

탑승객들에게 숙면을 돕는 서비스를 제공하려는 항공사들 중 에티하드Etihad 항공의 노력은 단연 돋보인다. 아랍 에미리트 국영 항공사인 에티하드 항공은 2012년부터 항공 보건 분야에서 연구 성과를 보인 미국 정신 신경 센터ACPN(American Centre for Psychiatry and Neurology)의 수면 전문가들과 협력하여 기내에서 숙면을 취할 수 있는 다양한 방법을 연구했다. 그 결과로 다이아몬드 퍼스트 클래스 고객들에게 최고급 천연 재질의 침구류와 다중겹multi-layered 수면 시스템 매트리스를 제공한다. 특히 이 매트리스는 일반적인 화학솜이 아닌 천연고무로 만들어져 통기성이 뛰어나고 체온을 조절하는 데 효과적이다. 이 밖에도 비행기 안의 미세한 소음을 최소화할 수 있는 소음 제거 헤드폰이나 첨단 무드 조명 시스템을 이용해 숙면하기 좋은 조도까지 제공한다.

하지만 아쉬운 것은 이 사례들에서 소개된 서비스의 대부분이 일부 1등석에 집중되어 있다는 것이다. 모든 탑승객들을 위해 좌석의 여유 공간을 늘리거나 수백, 수천만 원에 해당하는 고가의 매트리스나 시스템을 전부 도입하는 것이 항공사 입장에서는 효율성이 없어서다. 하지만 테크놀로지를 활용하면 비용 문제를 해결할 길이 열린다. 기업의 효율성을 따지면 소수에게 고가의 서비스를 제공하는 프리미엄 마케팅도 좋지만 장기적으로 봤을 때 많은 탑승객들이 기내에서 숙면하는 서비스를 경험한다면 항공사의 이미지를 긍정적으로 만들고 고정된 고객도 넓힐 수 있다.

허시|Hush

더 많은 탑승객에게 숙면 서비스를 제공하기 위해 항공사가 활용하면 좋을 만한 사례로 캘리포니아 대학교의 20대 한국계 청년들이 만든 테크놀로지 제품 귀마개 허시가 있다. 이 귀마개를 개발한 사람은 룸메이트가 코를 골거나 주변 환경에서 비롯된 소음 때문에 숙면을 취하지 못했던 기억을 바탕으로 허시를 만들었다. 일반 귀마개는 방음이 잘되지 않고 귀마개 자체가 귀에서 쉽게 빠지거나 오래 착용했을 때 통증을 유발한다는 단점이 있었다. 반면 허시는 일반 귀마개 보다 착용감이나 방음 효과가 좋다. 특히 귀마개를 하고 있을 때에도 사용자가 전화벨이나 알람 등 자신이 원하는 소리만 들을 수 있게 설정할 수 있다. 그뿐만 아니라 귀마개에는 초소형 스피커가 내장되어 있어 사용자의 숙면에 도움이 되는 파도나 폭포 소리 등을 설정할 수도 있다. 분실에 대비해 위치를 추적할 수 있는 기능도 탑재되어 있다.

2014년에 킥스타터를 통해 투자금을 모았는데 원래 목표액이었던 10만 달러를 초과 달성해 4500명으로부터 60만 달러를 투자받았

Personal Alarm
Hush notifies you and you alone, that way when your alarm goes off, you don't wake up anyone else.

Soothing Sounds
Fall asleep to white noise, ocean waves, rainfall, and more. Tie in binaural beats to fall asleep during the hardest nights.

Notification Filter
With the Hush app, you control which alerts you let through while you're asleep. Silence unimportant notifications but still hear your alarm or emergency phone calls.

Hush Tracker
Misplaced your Hush? Locate them through our paired app.

일반 귀마개보다 착용감과 방음 효과를 개선한 허시는 소음 방지라는 기본 기능 외에도 내장된 초소형 스피커로 정서 안정에 도움이 되는 자연의 소리를 들려주고 스마트폰 앱과 연동해 필요한 알람만 들을 수 있게 설정할 수 있다.

다. 2015년부터 공식 홈페이지hush.technology에서 예약 주문할 수 있다.

이 제품의 경우 개발 목적이나 타깃이 항공사의 탑승객을 위한 것이 아니어서 현재 내장된 기능들은 학생이나 직장인들에게 더 적합하다. 하지만 항공사에서 이 제품을 활용한다면 항공사 전용으로 기능을 수정해 주문 제작할 수 있다.

예를 들어 본래 탑재된 기능 중에서 일반적인 소음은 제거하고 듣고 싶은 소리를 설정할 수 있는 기본 기능의 형식은 그대로 활용한다. 다만 내장된 스피커에서 숙면에 도움이 되는 소리를 들을 때 소리의 종류를 다양화한다거나 항공사에서 숙면 유도 음악 리스트를 만들어 추가로 탑재할 수도 있다. 또한 기내에서는 대개 기장이 중요하거나 긴급한 메시지를 전달하기 때문에 기장의 음성만 들을 수 있는 기능이나 식음료를 제공하는 승무원의 음성을 들을 수 있는 기능을 추가할 수도 있다. 또한 전용 앱을 만들어 이러한 기능을 선택할 수 있는 권한을 탑승객에게 줄 수도 있다.

프라센Frasen

스마트 귀마개로는 좀 부족하다면 국내 스타트업 프라센이 개발하고 있는 숙면을 도와주는 수면 안대가 대안이 될 수 있다. 프라센은 사용자가 잘 때 신체 정보를 수집해서 수면 서비스를 제공하는 헬스 케어 스타트업이다. 사용자의 신체 기능들이 회복될 수 있도록 개인에게 맞춤형 수면 서비스를 제공하려고 기술을 개발하고 있다. 수면 안대에는 수면 뇌파 EEG(sleep electroencephalogram)와 광혈류 PPG(photoplethysmography)를 측정하는 센서들이 내장되어 있다. 이 안대를 착용하고 잠을 자면 내장되어 있는 센서가 생체 신호를 수집한다. 뇌파, 호흡, 온도, 안구, 안면 근육의 움직임, 심장 박동 수, 혈중 산소 포화도 등 다양한 신호들을 수집하고 그래프와 수치로 결과를 보여준다. 그러면 사용자가 자신의 수면 상태의 질을 쉽게 파악할 수 있다. 또 개인별로 수집된 수면 빅데이터들은 분석 과정을 거친 후 개인에게 최적화된 바이오 피드백을 제공한다. 빅데이터를 분석할 때는 개인의 성별, 나이, 평균 수면 시간 등의 개인 정보와 수면 중 뇌파 정보 등을 종합적으로 다뤄 개인별 수면 패턴을 파악하고 이에 따라 개선군, 악화군, 유지군 등 집단으로 나누어 해당 집단에 맞는 숙면 서비스를 제안한다.

패턴과 입체 음향 비트 효과를 이용하여 사용자가 깊게 자고 적절한 때에 깨도록 유도하기도 한다. 입체 음향 비트 효과의 경우 자고 있을 때 사용자 뇌파의 평균치를 내어 그 주파수보다 낮은 주파수의 음향을 제공해 사용자의 깊은 수면을 유도한다.

뉴로 온Neuro On

프라센이 개발하고 있는 수면 안대 외에도 인텔클리닉Intelclinic에서 뉴로 온이라는 수면 안대가 개발되었다. 2014년, 킥스타터에 등장해 40만 달러 이상의 투자 유치에 성공한 뉴로 온은 사용자가 잠을 잘 때 생체 신호를 수집하여 그 정보를 토대로 숙면을 취할 수 있는 서비스를 제공한다. 본체 안에 센서가 장착되어 있어 뇌파의 변화, 체온, 안구 운동, 맥박, 근육의 긴장도 등 사용자의 바이오 리듬을 확인해 생체 신호를 취합한다. 수집된 데이터는 스마트폰에 전송되고 이것을 바탕으로 사용자가 얼마나 깊게 잠들었는지 알 수 있다. 이에 맞춰 사용자가 최적의 수면을 취한 시점에 기분 좋게 일어날 수 있도록 유도한다. 짧은 시간만 자도 길게 잔 것 같은 효과를 얻게 되는 것이다. 뿐만 아니라 뉴로 온은 '밝은 빛 치료Bright Light Therapy' 라고 불리는 기술을 통해 사용자의 수면 패턴을 인위적으로 조절할 수 있다. 이를 이용하면 사용자의 생체 리듬을 여행 국가의 시간대에 맞추어 사전에 조절하는 것도 가능하다. 시차 적응의 고통스러움을 완화시켜줄 수 있는 것이다.

항공사를 이용하면서 접하게 되는 기내 서비스는 탑승객이 항공사를 선택하는 중요한 기준 중 하나다. 가격이나 시간 등의 차이가 크지 않으면 기내 서비스로 판가름나기도 한다. 항공사가 장거리 비행 중에 승객이 숙면을 취할 수 있도록 서비스를 제공하려고 공을 들이는 이유도 그 때문이다. 하지만 지금 제공하는 서비스들은 일부 승객들을 위한 프리미엄 서비스로 한정되어 있다.

그러나 소개한 테크놀로지들을 활용하면 항공사는 적은 비용으로도 승객에게 숙면 서비스를 제공할 수 있을 것이다. 이 개발 업체들의 제품을 활용하거나 항공사에 맞게 주문 제작하는 방법, 협업해서 다른 마케팅 전략을 제안해보는 방법 등이 있다. 그렇게 되면 소수를 위한 서비스가 아닌 더 많은 승객에게 서비스를 제공할 수 있다.

뿐만 아니라 호텔과 같은 숙박 시설에서도 활용이 가능하다. 장거리 여행객들 대부분은 시차 적응을 극복하지 못하고 고통받는다. 이를 해결하려고 숙박 업체들도 수면의 질을 높이기 위해 고민하고 있다. 뉴로 온의 기능을 이용해 장거리 여행객들의 시차 적응을 도와주는 숙면의 경험을 제공한다면 숙박 업체로서는 최고의 테크피리언스 마케팅이 될 것이다.

생활 | 특화하기보다 최적화하라

수면 시스템에 관한 테크놀로지를 소개한 김에 관련된 사례를 좀 더 소개하겠다. 한국의 인구 5명 중 1명은 불면증으로 고통받는다. 불면증을 호소하며 병원을 찾는 환자의 수도 점차 늘어나고 있다. 수면은 사람의 생체 리듬과도 연관되어 있어서 충분히 자야 건강하게 생활할 수 있다. 반대로 잠을 제대로 자지 못하면 단순히 괴로운 것을 넘어서 제대로 생활할 수 없다. 사람이 밤에 충분히 자지 못하면 낮에 생활할 때 여러 기능이 약화된다. 가령 인지 능력이 떨어지거나 판단력이 흐려지거나 우울증이나 절망감이 심해지고 스스로 감정 조절을 할 수 없게 될지도 모른다. 그러나 불면증을 앓고 있는 사람은 큰 외상을 입은 것이 아니기 때문에 불면증 환자의 고통은 겪어보지 않은 사람이라면 그 깊이를 이해하기가 쉽지 않다. 전문가들은 불면증이 흔한 질환이긴 하지만 수면이 삶의 질과 연관되어 있는 만큼 효과적으로 관리해줘야 한다고 입을 모은다.

루나Luna

'세상의 모든 것이 점점 스마트해지는데 왜 내 침대는 그렇지 않나?'라고 생각한 개발자 마테오 프란체스체티Matteo Franceschetti는 수면을 관리해주는 침대 매트리스 커버 루나를 만들었다. 기존의 침대 위에 매트리스 커버인 루나를 깔면 침대에 다양한 기능을 추가할 수 있게 된다. 루나는 사용자의 수면 패턴과 습관을 파악하여 침대의 온도를 조절해준다. 덕분에 사용자는 최적의 상태에서 수면의 흐름이 깨지지 않고 잘 수 있다. 앱을 실행하면 스마트폰으로 온도를 조절할 수 있고 자동으로 예열하는 기능도 탑재되어 있다. 자동으로 수면하기에 적합한 온도로 맞추니 별도로 설정할 필요가 없다. 더블 침대 양쪽에서 서로 다른 온도를 설정할 수 있는 기능도 있어 침대에 2명이 자고 있더라도 각자 원하는 온도를 맞출 수 있다.

루나는 사용자가 자는 평균 시간을 확인하고 잠이 들기 전 자동으로 온도를 조절한다. 사용자가 잠이 든 후에는 심장 박동 수나 호흡 등 생체 정보를 저장하고 추적한다. 이 결과를 토대로 개인에게 맞는 운동 방법을 알려주기도 한다. 이러한 기능 외에 점차적으로 방의 전체 온도를 조절하거나 사용자가 잠이 들면 문을 잠그거나 조명을 끄는 기능, 사용자가 일어나는 시간을 예측해 스마트 커피 머신과 연동하여 미리 커피를 내리도록 명령을 제어할 수 있는 기능 등을 추가할 계획이다.

레스트온Rest On

루나가 침대에 까는 매트리스 형태라면 슬립페이스Sleepace 사에서 개발한 레스트온은 밴드 형태로 루나보다 좀 더 간편하게 사용할 수 있다. 몸에 착용하거나 특별히 기기를 설치하지 않고 침대 아래에 제품을 두고 자기만 하면 된다. 이 디바이스도 사용자의 수면 시간과 호흡 및 심장 박동 수, 신체 움직임과 수면 주기를 측정하고 수면 패턴을 분석해준다. 그리고 슬립페이스의 앱을 이용해 사용자에게 수면의 질을 높일 수 있는 맞춤형 조언을 제공한다.

앞서 소개한 항공사의 수면 서비스나 안대, 귀마개, 매트리스와 같은 제품들은 테크놀로지를 결합했을 때 사람들이 좀 더 편안한 잠자리를 제공받을 수 있다는 것을 증명했다.

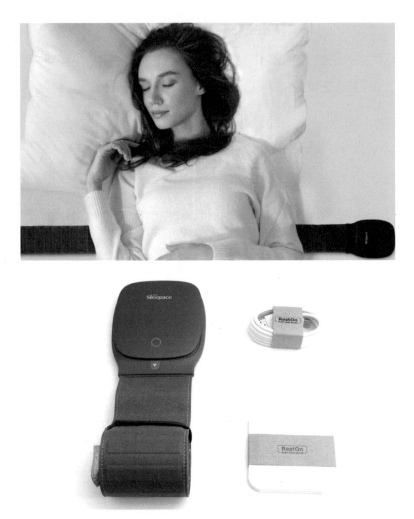

레스트온은 몸에 착용하거나 특별히 설치하는 과정 없이 침대 위에 올려놓고 그 위에 누워서 자기
만 하면 사용자의 수면 시간과 호흡 및 심장 박동 수, 신체 움직임과 수면 주기를 측정하고 수면 패
턴을 분석해준다. 연동된 앱을 설치하면 사용자의 수면 패턴에 맞는 맞춤형 조언도 제공한다.

국내 유명 침대 제조사의 카피처럼 "침대는 과학이다."라는 말이 더욱 현실감 있게 다가온다. 침대 제조사들도 수면의 중요성을 강조한다. 하지만 아직까지 유명 침대 제조사들이 테크놀로지를 활용해 고객에게 새로운 경험을 제공하고 있는 것 같지는 않다.

여러 침대 제조사들은 광고에서 자사의 침대가 최적의 수면 상태를 제공한다고 주장한다. 매트리스 스프링의 특화된 기능이 고객에게 편안한 잠자리를 제공한다고 하지만 정작 고객은 크게 공감하지 못한다. 어떤 침대 제조사는 몇백 억의 광고비를 쓰고도 좋은 실적을 내지 못하기도 한다. 또 이케아Ikea나 실리Sealy 등 외국 기업들이 등장하면서 국내 침대 제조사들의 마케팅 강화 전략은 불가피해 보인다. 그렇기 때문에 좀 더 적극적으로 테크놀로지를 활용할 방법을 고민해야 한다.

침대를 비롯한 다양한 가구는 소비자의 일상에 깊숙하게 자리한다. 단적으로 생각하면 많은 사람이 사무실에서는 책상과 의자에, 집에 오면 소파와 침대에서 대부분 시간을 보낸다. 이만큼 가구 산업 분야는 고객의 삶과 밀접하게 연결되어 있다.

깔창에 센서를 내장하여 사람의 걸음걸이를 분석한 웨어러블 기기 풋 로거Foot Logger를 개발한 3L랩스3L-Labs는 의자에서 올바른 자세를 유지하도록 도와주는 방석인 시트 로거Seat Logger도 개발했다. 시트 로거는 압력 센서와 진동 모터, 블루투스가 내장된 방석이다. 의자에

방석을 설치하면 하중의 분포를 기록하여 앉아 있는 자세를 측정해준다. 만약 자세가 올바르지 않다고 판단될 경우 방석에 있는 모터를 통해 진동을 일으켜 자세를 바로잡아준다. 기기는 블루투스로 스마트폰과 연동되어서 사용자는 스마트폰으로 평소 자신이 앉은 자세를 점검할 수 있다. 오랜 시간 사무실 의자에 앉아 생활하는 직장인들에게는 바른 자세를 유지하는 데 도움이 될 만한 기기다.

침대나 의자와 같은 가구들은 소비자의 일상과 밀접하게 연결되어 있으면서 건강한 삶을 도와주는 역할도 한다. 여기에 점점 발전하고 있는 테크놀로지를 접목할 수 있다면 고객이 좀 더 편안하고 건강한 생활을 할 수 있을 것이다.

돌피|Dolfi

가구 못지않게 가정에서 많이 쓰는 제품이 세탁기다. 세탁기 역시 제품 본연의 기능은 발전하고 있지만 다른 가전제품에 비해 집에서 자리를 많이 차지한다거나 휴대하기가 어렵다는 점은 보완할 필요가 있다. 이 고민을 해결할 수 있는 획기적인 테크놀로지 제품 하나가 소개되었다. 휴대용 세탁기, 돌피다.

돌피는 차세대 세탁 기술을 표방하는 제품이다. 25년 동안 초음파 기술을 연구한 스위스 회사와 협력해 만든 이 제품은 세탁기가 없어도 초음파 진동으로 어디서든 세탁할 수 있다. 초음파로 세탁할 경

A hand-size device that cleans your clothes with the power
of ultrasonic technology

Next-Gen Cleaning

Gentle on clothes, but tough
on dirt. Say goodbye to
hand washing!

Perfectly Portable

Easy fit for any bathroom,
luggage, or even your
pocket!

No Effort Operation

Just switch the Dolfi
device on and enjoy your
free time!

Save Time & Money

Forget about hassle of
washing while travelling.
Save on every wash!

1 PUT CLOTHES IN WATER   2 ADD LAUNDRY DETERGENT   3 PLACE DOLFI INSIDE   4 SWITCH THE DEVICE ON

돌피는 비누처럼 생긴 작은 디바이스로, 세탁기가 없어도 초음파 진동으로 어디서든 세탁할 수 있게 해준다. 물에 세탁할 옷가지와 세제를 넣고 돌피를 넣어 스위치를 켜기만 하면 된다.

우 가장 큰 장점은 옷감이 상하지 않는다는 것이다. 가령 세탁할 때 변색이 된다거나 울 소재의 옷이 쪼그라드는 경우가 있는데 이러한 문제를 예방할 수 있다. 또한 초음파의 진동은 세제를 옷감 내부에 깊이 침투시켜 옷감 외부의 때뿐만 아니라 내부의 때까지 제거해준 다는 점에서 훨씬 위생적이다.

돌피는 비누처럼 생긴 작은 디바이스다. 스마트폰보다 작아서 휴대하기가 편리하다. 이러한 장점은 장기간 여행을 갈 때 아주 유 용하다. 여행을 할 땐 계속 옮겨 다녀야 하고 한 장소에 일시적으로 머물기 때문에 세탁하기가 쉽지 않다. 여벌 옷을 가져가는 것도 한 계가 있다. 이럴 때 돌피가 큰 역할을 할 수 있다. 개수대에 물을 받 아서 옷과 소량의 세제를 넣은 후 돌피를 넣고 30분 정도 작동시켜 주기만 하면 되니 여행객들에게는 안성맞춤이다.

요즘 나오는 드럼 세탁기도 세탁하는 데 2시간 정도 걸린다. 1벌 을 빨거나 10벌을 빨거나 수량에 관계없이 기본적으로 걸리는 시간 은 같다. 그러다 보니 보통 가정에서는 한 번에 세탁하려고 세탁물 이 쌓일 때까지 기다린다. 혼자 사는 사람들은 더 오래 기다리거나 적은 빨래를 더 자주 해야 한다. 그뿐만 아니라 혼자 살다 보니 대개 세간이 작은 경우가 많은데 일반 세탁기는 부피가 크다. 이럴 때 돌 피를 쓰면 자리를 많이 차지하지도 않고 빨래의 수량과 관계없이 간 편하게 빨래할 수 있어서 유용하다. 또 사용법이 간단해서 이제 막

독립해 빨래를 전혀 해보지 않은 초보자들도 쉽게 사용할 수 있다.

돌피는 집안일이 많은 가정주부나 아이가 있는 가정에서도 유용하다. 요즘 나오는 세탁기들과 견주었을 때 세탁 시간이 비교적 짧고 하루에도 몇 벌씩 아이의 옷을 빨아야 하는 집에서는 적은 시간을 투자해 자주 옷을 빨 수 있으니 시간과 에너지를 모두 절약할 수 있다. 기존 세탁기가 빨래의 양과 관계없이 많은 양의 물과 전력을 소모했다면 돌피는 많은 전력과 물을 쓰지 않아도 깨끗하게 세탁할 수 있어 친환경 제품으로도 주목받고 있다.

돌피에 쓰인 테크놀로지를 세제를 제조하고 판매하는 업체에서 활용하면 어떨까?

세제를 제조·판매하는 업체들이 돌피의 기술을 마케팅에 활용하면 시너지 효과를 기대해볼 수 있다. 국내 세제 시장은 수십 년간 가루 세제가 주를 이뤘으나 최근에는 액체 세제가 주목받고 있다. 환경이나 건강에 관심이 높아지면서 가루 세제가 자칫 옷감에 남아 있을 수 있지 않겠느냐는 소비자 심리가 반영된 결과다. 액체 세제 시장의 점유율은 헨켈Henkel의 퍼실Persil, 애경의 리큐LiQ, LG생활건강의 테크Tech가 주축을 이루고 있다.

세제의 품질을 좌우하는 기준은 무엇보다 세정 능력이다. 모든 회사의 제품들이 너도나도 세정 능력을 자랑한다. 업체들은 얼룩과 때가 잘 빠진다는 점을 세제의 특장점으로 내세워 경쟁하고 있지만 세제 본연의 기능만으로는 차별화할 수 없다. 실제 2012년 한국소비자원이 대형 마트와 백화점에서 판매되는 드럼 세탁기용 세제 16개 제품을 대상으로 시험 평가를 했는데 드럼 세탁기용 액체 세제와 가루 세제 모두 가격과 품질이 비례하지는 않는다는 결과를 내놨다. 결국 품질 경쟁을 하더라도 소비자들에게 내세울 수 있는 차별점이 많지 않다는 말이다.

하지만 세제 제조 업체들이 마케팅에 돌피를 활용하면 가능성이 있어 보인다. 물론 가격 등 해결해야 할 부분이 있지만 테크피리언스 마케팅을 적용해볼 수는 있다. 가령 해외 여행객이 점점 늘어나고 있는데 이들을 타깃으로 삼아 해외에서 간단하게 사용할 수 있는 여행용 세제를 만들어 돌피를 함께 제공하는 마케팅을 시도해볼 수 있다. 아니면 호텔 객실에서 사용할 수 있는 객실용 세재를 판매하면서 돌피를 함께 제공하는 방법도 있다.

최근에는 '나 혼자 산다'라는 예능 프로그램이 등장할 정도로 1인 가구가 늘어나고 있다. 최근 여의도 연구원이 발표한 자료에 의하면 국내 1인 가구 비중이 1990년에 9%였던 반면 2015년에 27%까지 증가할 것으로 전망했다. 25년간 3배가 늘어났고 4가구 중 1가구가 나 홀로 가구인 셈이다. 이 시장을 겨냥해 1인 가구용 간편 세제를 개발하고 돌피와 함께 1인 세탁 상품을 제공하는 전략도 써볼 수 있다. 이제는 세제 시장도 소비자의 변화와 기술의 발전에 맞춰 테크놀로지를 활용한 마케팅을 시도해야 한다.

금융 | 신용카드 회사에 제안하는 마케팅 전략

온리 코인Only Coin

금융과 관련된 서비스 산업 분야도 생필품이나 여가 산업 분야 만큼 생활에 많은 영향을 미친다. 당장 지갑 안을 들여다봐도 현금 보다는 신용카드 서너 장, 여러 브랜드에 가입하고 받은 멤버십 카 드 한두 장, 주민등록증과 운전면허증과 같은 신분증, 여분의 명함 이 있을 것이다.

하지만 이 카드들 때문에 지갑은 항상 불룩하다. 처음 살 때 얇 고 날렵했던 지갑의 본모습은 온데간데없고 지갑의 가죽은 아저씨 배 처럼 늘어나 보기 싫다. 그렇다고 빼자니 필요할 때가 있을 것 같아 어쩔 수 없이 가지고 다닌다. 그런데 생각보다 많은 사람이 이런 고 민을 하고 있었던 듯하다.

미국의 스타트업 코인Coin은 8개의 신용카드를 하나의 카드로 사 용할 수 있는 전자 신용카드 온리 코인을 개발했다. 카드 한 장에 신 용카드 정보를 복사해서 넣는 방식이다. 작은 액정 화면과 버튼이 내 장되어 있으며 카드의 두께는 일반 신용카드와 같고 카드 결제 기기 인 리더기를 함께 제공한다. 사용자는 이 리더기를 스마트폰에 연결

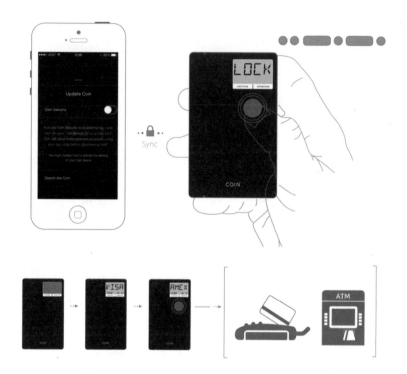

온리 코인은 8개의 신용카드를 하나의 카드로 사용할 수 있는 전자 신용카드다. 두께는 일반 신용 카드와 같고 작은 액정 화면과 버튼이 내장되어 있다. 온리 코인에 자신의 신용카드 정보를 복사 해 넣은 다음 사용할 때 버튼으로 원하는 신용카드를 선택해서 결제하면 된다. 카드 회사들이 충 분히 활용해볼 만한 기술이다.

한 뒤 가지고 있던 신용카드를 리더기에 긁으면 스마트폰으로 신용카드의 정보가 넘어간다. 그리고 온리 코인과 스마트폰을 블루투스로 연결하면 스마트폰에 저장된 신용카드 정보가 온리 코인에 담긴다. 사용자는 이런 식으로 온리 코인에 자신이 가지고 있던 신용카드 정보를 복사해서 넣을 수 있고 내장된 버튼을 사용하면 원하는 카드를 선택해서 결제할 수 있다. 또한 저전력 블루투스 기술을 접목해서 개발했기 때문에 사용자가 2년 이상 건전지를 교체하지 않아도 된다. 스마트폰과 온리 코인의 거리가 멀어지면 경고음을 울리는 부가 기능이 있고 일정 시간이 지나면 카드를 사용하지 못하도록 설정할 수 있어서 도난이나 분실도 예방할 수 있다.

현재 국내 신용카드 회사들의 마케팅 전략을 보면 고객에게 카드마다 다양한 혜택들을 제공한다. 하지만 이 카드 혜택의 차별화도 시간이 지날수록 변별력이 줄어들고 있다. 가령 영화, 놀이동산과 같은 문화 서비스 할인, 주유 할인, 프랜차이즈 커피나 쇼핑 할인, 환급 서비스 등 카드마다 기본적으로 제공하는 할인 혜택의 범위가 비슷하다. 이렇게 비슷비슷한 혜택은 경쟁 업체에서 얼마든지 모방할 수 있고 경쟁에서 우위를 선점하려고 더 큰 혜택을 제공하면 결과적으로는 수익을 저해하는 요소가 될 수 있다.

업계에서는 이를 해결하기 위해 카드 디자인처럼 외형에 차별점을 두려는 노력도 하고 있다. 현대카드는 이러한 면에서 가장 앞서가는 회사다. 2014년에 자사의 프리미엄 카드를 새롭게 선보였는데 플레이트를 구리 합금 신소재인 코팔Coppal로 만들었다. 이 소재는 최초의 금속 화폐 원료라는 점에서 의미가 있고 제작할 때 강도는 높되 가공이 쉽다는 장점도 있다. 실제 무게감도 느껴져 사용자에게 카드가 가지고 있는 개성을 확실하게 전달할 수 있었다. 그뿐만 아니라 이 회사는 국내 최초로 투명 카드나 미니 카드, 티타늄 등의 특수한 소재로 카드를 제작하는 등 소비자에게 끊임없이 새로운 카드를 선보이려고 노력하고 있다. 이에 질세라 신한카드도 새로운 디자인의 카드를 선보였다. 신한카드의 경우 플레이트 안쪽에 홈을 만들어서 사용자가 지갑에 있던 여러 장의 카드 중 자사의 카드를 쉽게 알아보고 꺼내기 편하게 만들기도 했다.

하지만 외형적인 요소에 변화를 주는 것은 단기적인 성과를 가져올 수는 있지만 장기적으로 봤을 때 지속 가능한 전략은 아니다. 앱과 같은 모바일 결제 시스템이 생기면서 결제 방식 자체가 변하고 있기 때문이다. 기존에는 금융 서비스를 이용하려면 실제 카드가 있어야만 했다. 하지만 최근에는 앱을 이용하면 실제 신용카드가 없어도 같은 기능의 서비스를 이용할 수 있다. 당분간은 실제 카드를 사용하는 결제 방식과 앱을 이용한 모바일 결제 방식이 공존하겠지만 점차 기술이 발전하면 실물 카드가 필요 없어질 수도 있다. 모바일 결제 영역이 확장되면 앱이 아닌 스마트폰 자체에 카드가 내장되는 기술이 개발될 것이기 때문이다.

우선은 실물의 카드를 사용한다는 것을 전제하고 카드 회사가 온리 코인의 테크놀로지를 어떻게 활용하면 좋을까? 온리 코인의 기술은 얇은 카드 안에 배터리를 내장하고도 오랜 시간 동안 사용할 수 있다는 것, 카드 겉면에 액정 화면을 장착할 수 있다는 것, 스마트폰 앱과 연동된다는 것, 연동된 스마트폰과 카드가 일정 거리 이상 멀어지면 경고음이 울린다는 것 등이 있다.

카드 회사가 차별화 전략을 세우려면 현재 고객의 요구 사항이나 불만 사항을 개선해보려는 발상에서 출발해야 한다. 카드 사용자들은 카드 금액의 누적 사용량이나 한도까지 얼마나 더 사용할 수 있는지 남은 금액을 확인하고 싶어 한다. 그런데 결제 예정 금액이나 할부가 되는 매장을 확인하려면 홈페이지나 앱을 통해서만 알 수 있다. 이러한 사용자들의 요구를 온리 코인의 테크놀로지로 개선할 수는 없을까?

전자 카드 겉면에 액정 화면을 장착한 기술, 전자 카드와 스마트폰의 앱을 연동한 기술 등을 활용하여 카드를 결제했을 때 무이자 할부가 되는 매장을 액정 화면에 표시하면 사용자가 직접 찾아보거나 묻지 않아도 손쉽게 확인할 수 있다. 현재까지의 누적 사용액이나 카드 청구 금액도 카드의 액정 화면에 보일 수 있게 하면 훨씬 편리할 것이다.

또 사용자가 카드를 분실했을 때 가장 먼저 해야 하는 일이 카드 분실 신고를 하는 것이지만 분실 여부 자체를 모르면 빠르게 대처할 수 없다. 이때 온리 코인에 '일정 거리 이상 멀어지면 경고음이 울리는 기술'을 접목하면 만약에 사용자가 카드를 분실하더라도 좀 더 빨리 분실 여부를 확인해 대처할 수 있을 것이다. 여기에 기능을 확장해서 일정 거리 이상 멀어졌을 때 카드를 사용할 수 없게 자동으로 정지시킬 수 있다면 사용자가 훨씬 안심하고 사용할 수 있을 것이다.

국내 대중교통 이용자가 하루 평균 1300만 명을 넘어서면서, 2014년 10월을 기준으로 기존의 교통카드와 전국에서 호환되는 교통카드를 포함해 월 70만 장의 교통카드가 판매되었다. 카드 회사들은 이런 교통카드 수요에 관한 변화를 인지하고 곧 신용카드에 교통카드 기능을 탑재했다. 하지만 신용카드가 없는 사람들은 여전히 충전식 교통카드를 이용하고 있다. 그 숫자는 전체 교통카드 사용자의 55%에 달한다. 이들이 충전식 교통카드를 사용하면서 불편해하는 점이 있다. 바로 잔액 여부를 실시간으로 확인하지 못한다는 것이다. 또한 충전식 교통카드를 포함해 모든 교통카드가 환승 가능 시간을 가늠하기 어렵다는 공통된 불편함을 갖고 있기도 하다.

한 온라인 리서치 회사가 2013년에 발표한 소비자 설문 조사에서도 사람들이 교통카드를 사용하면서 가장 민망했을 때가 잔액이 부족하다는 말을 들었을 때라고 답했다. 그리고 대중교통 환승 체계에 대한 이용자 만족도를 분석한 연구 자료에는 환승 혜택을 받지 못할 때가 불만스럽다고 했다. 출퇴근이나 등하교 시간 등 교통량이 많아지는 시간에 차가 막히거나 사람이 많아서 차를 타지 못하면 환승 시간을 놓치게 된다. 그러면 무료 승차나 할인 혜택을 받을 수 없다.

교통카드나 교통카드 겸용 신용카드도 현재 상용되는 기술을 활용해 이 문제점을 해결할 수 있다. 카드 내에 배터리와 액정 화면을 내장한 기술을 활용해 카드의 정보를 사용자가 직접 확인하는 것이다. 가령 환승 시간을 확인해야 할 때 카드와 리더기가 접촉하는 순간부터 시간을 재고 그 결과를 카드의 액정 화면으로 확인하게 하는 것이다. 이럴 경우 사람들은 환승할 수 있는 시간이 얼마나 남았는지 직접 확인할 수 있으니 혜택을 놓치는 일이 줄어들 것이다. 또 이 화면을 통해 카드의 잔액 여부를 확인하게 만들 수도 있다. 지금은 대개 버스나 지하철의 카드 리더기에서 잔액을 확인하지만 이 기능을 도입하면 자신이 가지고 있는 전자 카드의 액정 화면에서 바로 확인할 수 있다. 그렇게 되면 잔액이 부족하다는 말을 들으며 민망해지는 순간을 막을 수 있다.

신용카드나 교통카드뿐만 아니라 각종 멤버십 카드 업체들도 기술의 도움을 받을 수 있다. 최근에는 멤버십 카드가 앱으로 바뀌면서 앱을 스마트폰에 내려받아 실행하는 사람이 늘고 있기는 하지만 매번 앱을 실행시켜야 하는 번거로움이 있어서 아직은 실물 카드를 사용하는 사람이 적지 않다. 이 사람들을 위해서 온리 코인 같은 전자 카드 내에 멤버십 카드 카테고리를 따로 만든다거나 액정 화면 기술을 활용하여 누적 포인트를 쉽게 확인하게 하면 포인트를 사용하고 적립하는 데 편리함을 줄 수 있다.

체크카드에도 같은 기술을 응용할 수 있다. 체크카드는 통장의 잔고 한도 내에서만 사용할 수 있어 무분별한 소비를 막아주는 순기능이 있다. 하지만 일일이 통장 잔고를 인지하지 못하고 카드를 이용하다 보면 중요한 순간에 잔고가 없어 결제를 못하는 일이 발생한다. 비밀번호를 만들어서 보안성을 높인 후 체크카드 자체에서 통장 잔고를 확인할 수 있다면 더 스마트한 체크카드 사용 경험을 제공할 수 있을 것이다.

문구 | 스마트 기기에 아날로그 감성을 담다

테크놀로지를 결합한 제품은 생필품의 영역에서 그치지 않고 점차 다양한 산업 분야로 확장하고 있다. 이에 따라 문구류 제품에서도 다양한 노력이 시도되고 있다. 특히 이 분야는 다른 산업 분야보다 기술의 도입이나 기술력의 영향을 많이 받았다. 대표적으로 타자기가 등장하거나 컴퓨터가 보급되면서 연필이나 볼펜 같은 필기구 사용량이 급감했다. 컴퓨터의 기술적인 부분들이 더 보완되고 상용화 범위가 넓어지면서 컴퓨터에 이어 태블릿 PC나 스마트폰을 위한 터치스크린이 개발되었고 이에 발맞춰 이 산업 분야에서도 스타일러스 펜stylus pen처럼 기기에 쓸 수 있는 새로운 방식의 펜을 개발했다.

물론 여전히 종이 공책이나 볼펜을 사용하는 사람들이 더 많기는 하다. 전통적인 공책이나 펜을 사용하는 것에 더 익숙해져 있고 기기에 바로 쓰는 펜보다 가격 부담이 덜하기 때문이다. 하지만 테크놀로지 기기에 익숙해진 세대로 내려갈수록 스타일러스 펜처럼 기기와 연동되는 펜을 사용하는 것을 더 편하게 느낄 수도 있다. 기술이 발달하면서 이러한 펜들의 상용화도 더욱 빨라질 것이고 그렇게 되면 주류가 기존에 손으로 쓰던 펜에서 스타일러스 펜으로 바뀌어도 이상할 것이 없다.

스타일러스 펜으로 필기하는 이유 중 하나는 나의 자연스러운 필기를 그대로 저장할 수 있다는 장점이 있어서다. 직장인들이 회의 시간에 중요한 내용을 메모하고 다른 사람한테 전달해야 하는 상황이라고 가정해보자. 기존에 손으로 쓰는 펜을 이용할 경우 메모한 내용을 다시 정리하거나 스마트폰으로 사진을 찍어 전달해야 한다. 하지만 스타일러스 펜을 이용하면 스마트폰을 통해 바로 보낼 수 있다. 또한 누구에게 사인을 받거나 그림을 그리거나 아이디어를 급하게 정리해야 할 때도 이것을 전자 기기에 저장하려면 사진을 찍거나 스캐너를 이용하는 방법뿐이다. 하지만 스타일러스 펜을 이용하면 별도의 과정 없이 저장할 수 있다.

스타일러스 펜처럼 필기류와 연관된 산업 분야에서 기술을 어떻게 활용하고 있는지 몇 가지 사례를 보자.

로켓 북Rocket Book

로켓 북은 기존의 종이 공책과 똑같이 생겼지만 공책에 필기한 내용을 자동으로 온라인 상의 클라우드에 저장해준다. 공책 하단에는 필기한 내용을 보낼 장소를 선택하는 아이콘이 있다. 사용자는 이 아이콘을 선택해 드롭박스, 에버노트, 구글독스와 같은 클라우드뿐 아니라 이메일 주소로도 필기한 내용을 옮길 수 있다.

로켓 북에는 일반 펜을 사용해도 상관없지만 파일롯트Pilot 사에서 나온 프릭션Frixion 펜으로 쓰면 한 번 쓴 공책도 새것처럼 재활용할 수 있다. 펜의 잉크가 65도 이상의 열을 받으면 사라지는 성질을 가지고 있어서 전자레인지에 잠깐 돌리기만 하면 필기한 내용이 사라진다. 또 일부만 지울 경우에는 펜의 뒤편에 고무가 달려있는데 지우개로 문지르듯 마찰열을 일으켜 잉크의 색을 날려버리면 된다. 물론 이 재활용 기능은 로켓 북의 고유 기능이라기보다는 프릭션의 기능이지만 펜 자체가 로켓 북을 사용하는 데 최적화되어 있어서 마케팅 협업을 할 수 있다. 이러한 기능은 시간이나 장소에 구애받지 않고 자주 메모를 하거나 지우고 다시 쓰는 일을 많이 하는 사람들에게 인기를 얻을 것 같다. 가령 디자이너나 건축가, 카피라이터 같은 사람들은 유용하게 쓸 수 있다. 물론 학생이나 직장인들에게도 유용하다.

이퀼 스마트 마커 Equil Smart Marker

공책에 쓴 글을 클라우드에 저장해주는 것이 로켓 북이라면 칠판에 쓴 글씨를 자동으로 클라우드에 저장해주는 디바이스도 있다. 이퀼 스마트 마커다. 기존에 나온 전자 칠판 제품들은 칠판에 쓴 글을 출력하거나 이미지로 저장해주는 기능을 가지고 있었다. 그런데 이퀼 스마트 마커는 화이트보드에 동작 센서 장치를 붙이고 센서와 연동되는 펜 케이스를 일반 마커 펜에 씌우면 센서가 글씨를 인식하여 필기한 내용이 그대로 저장된다. 기존의 화이트보드와 마커 펜을 그대로 사용하되 기능을 좀 더 기술적으로 바꿔주는 디바이스라고 생각하면 된다.

직장인이라면 회의 시간에 화이트보드에 글을 쓴 뒤 내용을 정리하려고 작성한 것을 스마트폰 카메라로 찍은 경험이 있을 것이다. 하지만 이퀼 스마트 마커는 이러한 불편함을 획기적으로 줄여줄 수 있다. 화이트보드에 쓴 내용을 스마트폰이나 노트북, 태블릿 PC에 실시간으로 동기화시킬 수 있기 때문이다. 스마트 마커로 일반 칠판에 적는 모든 것이 전자 기기에 저장된다. 클라우드를 통해 스마트

칠판에 쓴 글씨를 자동으로 클라우드에 저장해주는 이퀄 스마트 마커. 클라우드를 통해 스마트폰이나 컴퓨터에 저장된 글을 편집할 수 있고, 필기 내용이 디바이스 내에서 텍스트로 자동 변환되는 기능을 지원하므로 2차 편집도 손쉽게 할 수 있다.

폰이나 컴퓨터에 저장된 글은 해당 디바이스에서 편집까지 할 수 있다. 그뿐만 아니라 필기 내용이 디바이스 내에서 텍스트로 자동 변환되는 기능을 지원하므로 2차 편집도 손쉽게 할 수 있다.

프리 펜Phree Pen

한 단계 더 나아가 공책이나 칠판은 물론 잉크가 없어도 모든 스마트폰 화면을 노트 삼아 글을 쓸 수 있는 펜도 있다. 이스라엘 스타트업 OTM이 개발한 프리는 세상의 모든 곳을 노트로 만들 수 있는 펜이다. 이 펜은 아무 곳에나 필기를 하면 펜촉에 있는 터치 감응식 고정밀 레이저 센서에 의해 인식된 내용이 스마트폰 화면으로 전송된다. 기존의 스타일러스 펜처럼 화면을 터치하지 않고도 어떤 표면이든 글을 쓰거나 그림을 그릴 수 있다. 책상이나 허벅지, 심지어 손등에 글을 쓰는 것도 가능하다. 펜 안에는 블루투스와 마이크, 스피커가 내장되어 있어 전화를 걸고 받을 수 있고 디지털 녹음기로 사용할 수도 있다. 킥스타터를 통해 펀딩을 마친 프리는 처음 목표 금액의 10배가 넘는 100만 달러 이상의 투자를 유치했다.

노트북이나 스마트 디바이스가 지금처럼 활성화되기 전에는 당연히 공책이나 필기구와 관련된 시장의 호황이 있었다. 직장인들 중에는 지우개로 열심히 지우면 찢어지던 공책부터 눈의 피로를 줄여 준다던 미색의 고급 모닝글로리 공책에 숙제를 하던 학창 시절을 기

프리 펜은 아무 곳에나 필기를 하면 그 내용이 화면으로 전송된다. 마이크와 스피커가 내장되어 있어서 전화를 걸고 받을 수도 있고, 디지털 녹음기로 사용할 수도 있다. 프리 펜만 있으면 공책과 노트가 없어도 자신이 가지고 있는 모든 디바이스로 필기 내용을 저장할 수 있다.

억하는 이도 있을 것이다.

물론 지금도 신학기가 되면 문구 업계들은 마케팅을 강화하고 특수를 맛보고 있기도 하다. 문구 업계의 살아 있는 역사로 불리는 모나미와 같은 업체들은 본래 이 시장을 주도하며 호황을 누렸다. 모나미는 2014년 창사 50주년을 맞아 '국민 볼펜'인 153볼펜의 한정판과 프리미엄판을 잇달아 내놓으며 소비자들의 호응을 얻었고 이 볼펜으로 100억 원 이상의 브랜드 홍보 효과를 얻었다. 또 마커 펜에 관한 꾸준한 연구를 진행해오며 같은 해에 새로운 마커 펜을 출시했고 글로벌 마커 전문 기업으로 도약하겠다는 포부를 밝히기도 했다.

한정 마케팅은 서두르지 않으면 가질 수 없다는 희소성이 소비자의 심리를 자극하기 때문에 제법 효과가 있는 전략이다. 특히 한국 성인이라면 대부분 써봤고 저마다 추억도 있는 153볼펜을 한정판으로 내놓은 것은 희소성뿐만 아니라 고객의 감성도 충분히 자극할 만하다. 또 소셜 네트워크로 인해 형성된 초연결 사회에 소셜 미디어를 통해 반향을 일으켜서 더 사람들의 이목을 집중시켰다.

그러나 점점 기술이 발전하고 그 기술을 도입하는 이 시대의 큰 흐름을 바꿔놓으려면 좀 더 많은 고민이 필요하다. 모나미를 비롯해 모닝글로리나 바른손은 최근 심각한 실적 악화로 고전하고 있다. 스마트 기기의 대중화와 사무 전산화 등으로 인해 기존의 문구 제품을 사용하는 일 자체가 줄어들고 있기 때문이다. 국내 문구 시장은 약

4조 원대로 추산되지만 연평균 10%씩 그 규모가 줄어들고 있다. 단순한 포부나 기존의 마케팅 전략이 아니라 이러한 시장 변화를 객관적이고 냉철하게 분석해서 시대의 변화에 발맞춰 나아가야 한다. 이퀼, 프리, 로켓 북처럼 새로운 기술과 아이디어를 이용한 문구 제품들은 점점 다양화될 것이고 시장을 장악할 것이다. 기존의 문구 산업들은 이러한 스마트 문구들의 기술을 이해하고 그 기술을 활용해 고객에게 새로운 경험을 제공하는 방법을 적극적으로 찾아야 한다.

로켓 북은 공책 본연의 성질이나 기존의 외형은 가능하면 살리되 일부 센서 기술을 도입해 더욱 새로운 경험을 제공했다. 이런 아이디어가 나온 이유는 스마트 시대임에도 불구하고 여전히 기존의 펜과 공책이 주는 장점이 존재하기 때문이다. 이퀼 스마트 마커는 기존의 마커 펜을 사용하면서 기술을 도입한 케이스를 한 겹 덧씌웠을 뿐이다. 로켓 북이나 이퀼 스마트 마커는 이러한 점에서 모두 기존의 문구 산업과 함께 공생할 수 있는 모델이다. 모나미가 이퀼 스마트 마커에 좀 더 최적화된 전용 마커 펜을 만든다면 디바이스를 이용하는 소비자가 모나미의 본질적 가치를 더 생생하게 경험할 것이다. 모닝글로리도 로켓 북처럼 기존 공책과 스마트 기기를 연동할 수 있는 방법을 고민해보거나 이퀼에서 나오는 스마트 펜(스마트 마커와 같은 원리로 공책에 쓰는 글을 저장해주는 펜)에 최적화된 전용 공책을 만드는 것을 생각해볼 수 있을 듯하다.

노트 제조 업체 몰스킨이 개발한 라이브 스크라이브는 "아날로그와 디지털 방식의 간격을 좁혀 고
객에게 더욱 완벽한 경험을 하게 해주는 도구와 서비스"를 제공하려는 목적으로 만들어졌다. 작성
한 노트는 디지털 파일로 실시간 전환되어 태블릿 PC나 스마트폰으로 전송된다.

라이브 스크라이브 Live Scribe

전통적인 노트 제조 업체 몰스킨Moleskin은 2015년 3월 '테드TED 2015' 컨퍼런스를 통해 라이브 스크라이브라 불리는 펜과 노트를 공개했다. 이 노트는 센서가 내장된 펜으로 필기하면 그 내용을 인식하여 디지털 파일로 전환하고 태블릿 PC로 옮길 수 있다. 기존의 노트와 외형은 같지만 태블릿 PC로 글을 옮길 수 있어서 훨씬 편리하다. 다만 센서가 내장된 펜이 중점적인 역할을 해서 노트만의 혁신적인 기술이라고 보기는 어렵다. 하지만 에버노트와 함께 스마트 노트북을 만들거나 센서가 내장된 펜에 최적화된 노트를 계속해서 만들며 앱이나 전자 기기로 연동될 수 있게 연구하는 것은 기술을 활용해 자신들이 갖고 있는 제품 본연의 가치를 강화하려는 적극적인 시도이며 점차 성과를 보일 것이다. 몰스킨은 스마트 디바이스를 통해 전통적인 노트의 가치를 강화하는 테크피리언스 마케팅을 선보이고 있다. 200년 전 만들어진 이 노트 회사는 〈패스트 컴퍼니Fast Company〉의 혁신 기업 생산성 부문에 상위 10위로 이름을 올렸다. 전통을 유지하면서도 기술을 외면하지 않은 결과다. 국내의 문구 업계도 몰스킨처럼 적극적으로 테크놀로지를 연구하고 고객에게 좀 더 편리하고 새로운 경험을 제공해야만 한다.

자동차 | 안전성과 연비, 두 마리 토끼를 잡다

자가운전을 하는 사람이라면 타이어의 공기압이 연비에 미치는 영향이나 승차감의 중요성에 대해 잘 알고 있을 것이다. 운전자들이 관리하기에 소홀해지기 쉬운 것이 공기압을 확인하는 일인데, 사실 이 부분은 안전과 직결되어 있기 때문에 매우 중요하다. 부적절한 공기압은 타이어 수명을 15%나 줄이고 연료를 1.5% 더 소비하며 타이어가 구멍 나는 일의 원인이 되어 더 큰 사고로 연결된다는 통계가 있다.

한국제품안전학회의 조사에 따르면 운전자 중 83.7%가 공기압 관리의 중요성을 인식하고 있지만 정작 정기 점검을 받는 경우는 11.2%에 불과했다. 또한 절반도 안 되는 45.2%만이 차량을 정비할 때 공기압을 점검하고, 29.5%는 공기압이 빠진 것을 직접 인지하고 나서야 공기압을 재조정했다.

고급 외제 차량을 가지고 있다면 자동으로 현재 자동차의 공기압 상태를 알 수 있지만 그렇지 않다면 공기압이 적당하고 균형은 맞는지 알 길이 없었다. 대부분 사람들은 정비소나 타이어 대리점이 주변에 보이거나 주유소 세차장에 공기압을 맞춰주는 기계가 구비되어 있어야 가끔 확인하고 공기압을 맞추는 게 전부였다. 2013년에 출시된 자동차부터는 의무적으로 타이어 공기압 경보 시스템TPMS이 내장되어 있지만 그렇지 않은 기존의 자동차들은 여전히 적정 공기압을 유지하는 일에 소홀하다. 정부에서는 단계적이긴 하지만 모든 자동차에 타이어 공기압 경보 시스템을 장착하는 것을 의무화한다고 밝혔다. 그렇다면 그전까지는 이 문제를 해결할 길이 없을까?

포보 타이어Fobo Tire

2015년 국제 전자 제품 박람회에 참가하여 쇼케이스를 진행한 말레이시아의 포보Fobo 사는 자사의 개발품인 포보 타이어를 소개했다. 이 제품은 타이어 공기압 경보 시스템 장치로 기존 밸브 캡을 블루투스 센서가 내장된 밸브 캡으로 교체만 해주면 된다. 이 센서가 실시간으로 타이어의 기압을 확인하여 공기압이 적정 수준인지 알려주고 기준치에서 벗어나면 운전자의 스마트폰으로 경고 메시지를 보내준다.

다른 타이어 공기압 경보 시스템들은 시동이 꺼지면 공기압을 알 수 없지만 포보 타이어는 스마트폰만 있으면 실시간으로 공기압을 확인할 수 있어서 유용하다. 또 하나의 앱으로 20대의 차를 확인할 수 있어서 자동차 영업 사원들이나 타이어 대리점에서 스마트폰을 능숙하게 다루지 못하는 고객을 대상으로 서비스를 제공할 수도 있다. 이 밸브는 약 2년간 배터리를 교체하지 않아도 사용할 수 있고 센서를 도난당했을 때를 대비해 다른 자동차에 설치했을 때 작동

말레이시아의 포보 사가 만든 포보 타이어. 타이어 공기압 경보 시스템 장치로 실시간으로 타이어의 기압을 확인하여 공기압이 적정 수준인지 알려주고 기준치에서 벗어나면 운전자의 스마트폰으로 경고 메시지를 보내준다.

하지 않도록 해놨다.

국내에는 많은 중소기업이 타이어 공기압 경보 시스템 시장에 진출했고 현재 시판되는 새로운 자동차에는 의무적으로 타이어 공기압 경보 시스템을 장착해야 해서 시장이 계속 성장하고 있다. 그러나 여전히 1000만 대 이상의 자동차가 타이어 공기압 경보 시스템을 장착하지 않고 도로를 달리고 있다.

타이어는 소모품이기 때문에 운전자들은 일정 기간이 지나면 타이어를 교체한다. 차량이 처음 출고될 때는 타이어를 직접 선택할 수 없지만 타이어를 교체할 시점이 되면 운전자가 원하는 브랜드의 제품을 선택할 수 있다. 국내 시장에는 한국, 금호, 넥센타이어 3개 회사가 경쟁 구도를 이어가고 있다. 이 회사들은 국내 시장은 물론 해외 시장을 공략하고 매출을 늘리기 위해 안간힘을 쏟고 있다. 하지만 국내에서 3사 중 1위에 해당하는 한국타이어조차 세계 시장 점유율은 4%대에 불과하다.

경쟁력을 높이려고 국내 타이어 제조 회사들이 힘을 쏟고 있는 부분은 스포츠 마케팅이다. 가장 적극적인 넥센타이어는 잘 알다시피 국내 프로 야구 넥센히어로즈의 후원자로 활동하며 해외 시장을 위해 영국 프리미어 리그, 독일 축구 연방 리그 분데스리가 등의 유럽 구장에 광고를 집행하기도 한다. 금호타이어는 NBA 올스타전 공식 광고 스폰서로 나서기도 했고 한국타이어는 레이싱 대회 같은 해외 모터스포츠를 후원하는 전략을 쓰고 있다.

하지만 이런 홍보 전략이 제품 본연의 가치인 안전성과 연비 효율에 대한 신뢰성을 보장하지는 않는다. 단기적으로 사람들의 관심을 유도할 수는 있지만 그것이 자사 제품의 구매로 연결되거나 브랜드의 가치를 높여주지는 않을 것이다. 그렇다면 제품 본연의 가치를 좀 더 높일 수 있는 마케팅 전략이 필요하다. 포보 타이어의 기술력을 활용하여 자사 타이어를 구매했을 때 자동 공기압 경보 시스템을 제공하는 방법을 생각해볼 수 있다. 또한 이 시스템을 운전자의 스마트폰으로 손쉽게 확인할 수 있도록 하면 운전자가 좀 더 편한 방법으로 자주 공기압을 점검할 수 있을 것이다.

이번 장에서는 다양한 산업 분야에 어떤 새로운 기술을 사용하고 있고 이를 어떻게 고객 경험 강화에 응용할 수 있는지 살펴봤다. 그러나 이러한 아이디어를 적용하는 일이 결코 쉬운 일만은 아니다. 기술 변화의 빠른 트렌드를 따라가는 일 역시 만만한 일이 아니다. 그럼에도 불구하고 비즈니스 환경의 변화에 따라 기업이 변화해야 하는 것은 분명해 보인다. 이어지는 2개의 장에서는 구체적으로 기업이 테크피리언스를 고객에게 제공하기 위해 어떤 프로세스에서 어떤 일들을 해야 하는지, 또 마케터 개인이 변화에 뒤처지지 않고 살아남으려면 어떻게 해야 하는지에 대해 다룰 것이다.

7

기업이
먼저 반응하고
움직여라

당신의 기업에 몇 가지 질문을 던지겠다.

해당 산업의 상품 가치를 혁신할 가능성이 있는 새로운 테크놀로지를 감지하고 있는가?

더 나아가 비즈니스 모델을 확장하고, 마케팅을 혁신하는 파급 기술들을 이해하는가?

다른 산업에서의 성공 사례를 얼마나 알고 있는가?

우리는 실무에 쫓기고 있다. 너무 바쁘다. 대응은 느리다.

흥미로운 세미나에서 귀가 솔깃해지는 발표를 듣더라도 거기에 그치고 실무로 돌아간다.

뭔가 문제가 있다. 그렇지 않은가?

테크놀로지가 먼 이야기처럼 들리고, 잠깐의 흥미로 그치는 이유는

트렌드가 '일'과 괴리되어 있기 때문이다.

기존의 실무 프로세스부터 뒤집어엎어라

아마존에도 10여 년 전에는 새로운 책을 추천하는 도서 비평가들이 있었다. 10여 명의 편집자와 비평가들은 아마존 웹 페이지에 등재될 책들을 평가하고 선별했다. 이들은 '아마존의 소리The Amazon Voice'라는 카테고리를 책임졌는데, 사람들은 이것이 아마존의 보물이자 경쟁 우위의 원천이라고 생각했다. 제프 베조스는 처음으로 고객 개개인의 선호에 맞춰 책을 추천해주는 기능을 도입했지만 실제로 그 결과는 형편없었다. 그런데 상품들 간의 연관성을 비교하는 '협업 필터링' 기술을 사용하면서 상황이 급변했다. 분석은 훨씬 빨라졌고 편집자들보다 훨씬 더 많은 판매고를 올렸다. (빅토르 마이어 쇤버거, 케네스 쿠키어, 《빅데이터가 만드는 세상》, 2013, 97쪽.)

지금 '아마존의 소리'는 없다. 이를 기억하는 사람도 거의 없을 것이다. 트렌드의 시작은 하찮아 보인다. 발상은 신선하지만 아직 불

완전하고 현실성도 없어 보인다. 사람들이 아마존의 초기 추천 모델을 '동네 바보'라고 비웃었듯이 말이다. 앞에서 소개한 우유의 산도를 측정하는 우유 용기나 자세를 측정하는 방석을 보면서 어떤 느낌을 받았는가. 아직 자신이 몸담고 있는 기업과는 별 상관없는 먼 이야기로 들렸는지, 아니면 임박한 쓰나미가 전 산업을 강타할 전조라고 보았는지 궁금하다. 우리에게 구글이나 페이스북의 거대 인수 이야기는 딴 나라 이야기처럼 들리기도 한다. 물론 그럴 수 있다. 어쩌면 우리는 오히려 산업계 전반으로 확산되고 있는 미세하지만 현실적인 변화들을 목격하면서 더 큰 위기감을 느껴야 할지도 모른다. "우물쭈물하다 내 이럴 줄 알았지."라는 버나드 쇼의 묘비명을 다시 한 번 떠올려보자.

트렌드를 놓쳐서 막심한 손해를 본 기업들의 사례는 과거에도 많았다. IBM은 일부 사무실에서 복사기가 중요하다는 것은 인정하면서도 그 수요가 기껏해야 월 5,000대 정도밖에 되지 않을 것이라고 예측해 제록스의 제안을 거절했다. 결과를 아는 우리는 이런 결과를 예상하지 못했던 IBM의 어리석음을 비웃는다. 그렇다면 우리는 과연 그들보다 현명할 수 있다는 말인가? 그래도 과거에는 새로운 기술에 대한 판단을 가끔씩만 하면 됐고 변화의 속도가 느려서 다시 만회할 시간도 주어졌다. 하지만 지금은 다르다. 이제는 기술의 발전 속도가 너무 빠르다. 매년, 매월, 매일, 심지어 매 시간 트렌드를 살피고 판단해야 한다. 새로운 기술을 앞세운 작은 벤처가 업계의 판도를 뒤집어엎는 '사건'이 속출하고 있다. 대한민국의 많은 기업들이 울렁증을 느낄 법도 하다. 도대체 오늘 할 일도 태산인데 어떻게 하란 말인가. 기술이 변화하는 속도는 칭기즈 칸의 기마병처럼 날래고 방향을 예측하기 어렵다.

생명체의 진화를 설명하는 일반적인 이론은 '자연 선택설'이지만, 또 하나의 이론도 설득력을 가진다. 바로 '단속 평형설punctuated equilibrium'이다. 단속 평형설은 급격한 환경 변화가 새로운 종의 폭발적인 출현을 유발한다는 이론이다. 예를 들면 4번의 대멸종 사건 이후에 지구 생태계가 완전히 뒤바뀐 것과 같은 상황이다.

사물인터넷과 같은 신기술의 발전이 산업계에 단속 평형을 일으킬까? 이 책의 결론은 "단속 평형을 일으킨다."이다. 다른 말로 하면 산업에 커다란 격변이 지금부터 시작될 수 있다는 말이다. 우버나 에어비앤비가 이미 증명했듯이 과거와는 차원이 다르다. 회사 하나가 망하는 수준이 아니라, 산업 전체가 없어지는 규모의 대격변이다.

대멸종의 시대에는 항상 수혜자가 있다. 공룡의 위세에 구멍 속으로 숨어들어가야 했던 포유류가 백악기 대멸종 이후에 마음껏 몸집을 키우면서 먹이 사슬을 타고 올라갔듯이 말이다. 지금 다시 벤처 붐이 일고 있다. 그동안 선도 업체에 눌려 있던 후발 업체들에게도 판도를 뒤집을 수 있는 반전의 기회가 생기는 셈이다. 단속 평형의 시대를 위기로 만들 것인가, 기회로 살릴 것인가는 지금 당신의 기업이 무엇을 하느냐에 달려 있다.

당신의 기업을 돌이켜보라. 이 책에 있는 사례들은 모두 우리 2명의 저자들이 조사한 것이다. 정보는 사방에 널려 있어서 이를 분석하고 의미를 부여하고자 하는 노력만 있으면 곧바로 중요한 통찰을 얻어낼 수 있다. 기업의 규모와 상관없이 누구나 할 수 있는 일이다. 그러나 당신이 몸담고 있는 회사의 현실은 어떤가. 몇 가지 질문에 스스로 답을 해보라. 가장 기본적으로 해당 산업의 상품 가치를 혁신할 가능성이 있는 새로운 테크놀로지를 감지하고 있는가? 더 나아가 비즈니스 모델을 확장하고, 마케팅을 혁신하는 파급 기술들을 이해하는가? 다른 산업에서의 성공 사례를 얼마나 알고 있는가? 우리는 실무에 쫓기고 있다. 너무 바쁘다. 대응은 느리다. 흥미로운 세미나에서 귀가 솔깃해지는 발표를 듣더라도 거기에 그치고 실무로 돌아간다. 뭔가 문제가 있다. 그렇지 않은가?

윌리엄 하이엄William Higham은 《트렌드 전쟁》에서 트렌드를 통해 마케팅 성과를 만들기 위한 방법에 대해 조언한다. 그는 트렌드를 포착하는 것은 전체 과정의 시작에 불과하다고 말하며, 성과를 내는 가장 좋은 방법은 강력하면서도 포괄적이고 실효적인 분석 요인을 프로세스에 포함시키는 것이라고 주장한다. 그는 아래와 같은 3단계 프로세스를 제안한다. (윌리엄 하이엄, 《트렌드 전쟁》, 2012, 75쪽.)

- 포착(Identification) : 변화를 관찰하고 트렌드를 알아보는 과정
- 해석(Interpretation) : 트렌드가 어떻게 발전할 것인지 알아내기 위한 분석이나 판단 과정
- 실현(Implementation) : 해석한 트렌드의 영향을 분석하고 기업 전략으로 연결하는 과정

윌리엄의 세 단계는 테크피리언스의 트렌드를 활용하는 데 좀 더 쉬운 프로세스를 제공한다. 우선 테크놀로지의 트렌드를 알아보는 것이다. 그리고 고객 통찰, 가치 창조, 가치 전달의 틀에서 트렌드의 동향과 가능성을 분석한다. 마지막으로는 테크놀로지가 기업의 전략 기획 프로세스, 마케팅 프로세스에서 활용될 수 있도록 시스템을 정비한다. 이 세 가지에 대해서 하나씩 살펴보자.

떠돌아다니는 마음이 창조성의 원천이다

한국 사람들은 열심히 일하는 것으로는 세계에서 최고다. 하지만 효율성은 너무 낮다. 과도한 업무와 매일같이 이어지는 야근…. 최근에는 20대들이 북유럽 국가로 떠나기 위해 '이민계'까지 만들었다고 한다. 열심히 일하는 것만으로 효율성을 향상시키는 데에는 한계가 있다. 어떻게 일하느냐가 중요하다.

대니얼 골먼Daniel Goleman은《포커스Focus》에서 '산만한 마음'의 중요성을 이야기하는데 간단히 요약하면 다음과 같다. 우리의 마음은 고된 집중에서 벗어나 떠돌아다니려는 성향이 강하며, 그 때문에 인지 과학자들은 방황하는 마음의 상태를 두뇌의 '초기' 상태로 규정한다. 그리고 마음이 떠돌아다니는 동안 특정한 과제에 집중할 때와 동일한 두뇌의 부위가 활성화되는 것을 발견했다. 이는 방황하는 마음이 당면 과제에 대한 집중을 방해하기는 하지만, 동시에 우리의 삶에 중요한 문제를 해결한다는 의미이다.

떠돌아다니는 마음은 또한 창조성의 원천이다. 어떤 연구 결과에 따르면 주의력 결핍 장애나 과다 행동 장애를 앓고 있는 성인들이 그렇지 않은 사람들에 비해 독창적인 사고와 실질적인 창조적 성취에서 더 높은 수준을 보여준다. 실제로 새로운 용도를 발견하는 한 실험에서 마음이 떠돌아다니는 사람들이 완전한 집중력을 보이는 사람들보다 40%나 더 많은 독창적인 방안을 내놓았다.

당면한 단기 과제에 몰입하는 것은 대한민국이 산업화를 이루기 위해 꼭 필요한 능력이었다. 그러나 변화의 시대에는 주변을 살피면서 산만하게 이런저런 생각을 하는 능력도 꼭 필요하다. 테크놀로지 트렌드를 파악하기 위해서는 이런 '산만한 마음'이 적격이다.

인간의 두뇌에서 창조성을 담당하는 것은 전두엽이다. 특히 전전두엽은 과거의 것, 명확한 것은 두뇌의 다른 부위로 넘기고, 자신은 계속 미래의 것, 새로운 것에 몰두한다. 전전두엽은 문제 해결과 창조성의 원천이다. 기업에도 전전두엽과 같은 역할을 하는 부서 또는 사람이 있어야 한다. 트렌드를 포착하는 것은 열정과 감각이 없이는 어렵다. 억지로 떠맡기고 평가를 들이대면 '산만한 마음'이 나올 수 없다. 트렌드를 조사하고 정리하는 것이 또 다른 당면 과제가 되어버린다. 그러다 보면 트렌드 포착의 폭이 좁아질 수밖에 없고, 숨겨진 인사이트가 잘 보일 리도 없다. 트렌드는 열정이 있고 창의력이 있는 사람에게 맡기고, 한바탕 놀아보라고 부추겨야 한다. 그래야 다른 산업의 성공 사례에 눈이 가고, 작은 조짐에도 민감하게 반응하며 호기심에 발동을 걸 수 있다.

세스 고딘은 《보랏빛 소가 온다 2》에서 혁신을 만드는 비법은 없지만 접근하는 과정은 한결같다며, 아래와 같은 방법을 소개한 바 있다. (세스 고딘, 《보랏빛 소가 온다 2》, 2005, 241쪽.)

1. 당신이 속한 분야와 아무 관련도 없는 상품이나 서비스를 찾아본다.

2. 거기서는 어떤 이들이 리마커블한 방식으로 성공했는지 알아본다.

3. 그들이 갔던 가장자리는 어디였는지 알아본다.

4. 자신의 사업에 적용해본다.

테크피리언스도 마찬가지다. 당신이 속한 분야에서 이미 실용화되어 있는 테크놀로지를 업무에 적용하는 것만으로는 경쟁에서 이길 수 없다. 그건 기본이고, 겨우 따라가는 정도에 그칠 가능성이 높다. 다른 산업에서 어떤 성공 사례가 있는지를 유심히 조사하다 보면 거기에 혁신의 리더십을 발휘할 열쇠가 숨어 있을지도 모른다. 그러므로 테크놀로지 트렌드를 제대로 포착하기 위해서는 산업의 경계를 넘나들면서 폭넓게 작업을 수행해야 한다. 또한 개개인이 테크놀로지 자체에 대한 호기심이 있어야 하고, 고객에게 놀랍고 새로운 경험을 주고 싶은 열망이 있어야 이런 보물들이 눈에 들어온다. 회사에 이런 사람이 한둘은 있게 마련이다. 그들에게 회사의 '눈'이 되어 달라고 말해보라. 감사하며 흔쾌히 신나게 일할 것이다.

테크놀로지 트렌드를 포착하는 눈을 만들었다면 이제 그 시선을 어디로 향하게 할 것인가? 테크놀로지에 가장 민감하고 앞선 사람들은 벤처 업계에 있다. 그들은 자신의 멋진 기술을 산업에 접목시키고자 애쓴다. 그들에게는 실험과 실현의 장이 필요한데, 이를 위해서 규모가 큰 기업과의 협력이 절실하다. 벤처 업체 사람들과 만나고 대화하는 것은 테크놀로지의 최전선을 파악할 수 있는 좋은 방법이다.

테크놀로지에서 금맥을 찾는 첫 번째 방법은 근시안적인 집중력을 잠시 내려놓고, 고개를 들어 주변 풍경과 먼 곳까지 둘러볼 수 있는 유연한 시각을 가지는 것이다. 일단 회사 내부에 테크놀로지 트렌드를 포착하는 담당자를 두는 것으로 출발하라. 그가 산만하게 이리저리 정보를 탐색하면서 외부와 네트워크를 만들어가도록 충분히 지원하라.

인덱싱하고 큐레이션하라

단순히 정보를 찾는 것은 더 이상 가치 있는 일이 아니다. 대학교를 막 졸업한 신입 사원도 한나절이면 정보를 끌어모을 수 있다. 이시대의 진정한 가치는 큐레이션이다. 특별한 지시 없이도 호기심과 열정으로 계속 정보 속을 유영하는 것은 중요한 미덕이다. 그러나 그것으로 그쳐서는 안 된다. 직원들이 발견한 다양한 트렌드가 회사의 적재적소에 전달되어 활용될 수 있도록 시스템을 마련해야 한다.

정찰벌은 일벌을 대신해서 외부를 탐색하는 모험가다. 정찰벌은 아카시아 꿀을 발견하면 신이 나서 벌집으로 돌아온다. 그리고 특유의 춤을 동료 앞에서 한바탕 춘다. 빙빙 간단하게 돌면 가까운 곳에 있다는 뜻이고, 천천히 각도를 맞추어 직선을 그리면 먼 곳에 있다는 뜻이다. 춤을 추는 시간과 각도로 벌꿀의 거리와 방향을 알려준다.

물론 테크놀로지 트렌드를 현업에 적용하는 것은 정찰벌의 그것보다 훨씬 더 복잡한 일이다. 우선 사내에 부서가 많다. 소비자 조사, 상품 개발, 고객 서비스, 광고, 디지털, 영업 등등 각 부서마다 테크놀로지를 활용하는 목적도 다르고 당연히 필요한 정보나 사례도 다르다. 이따금씩 트렌드 세미나를 열어서 모두를 불러놓고 돌아가며 발표를 하는 것은 쉽다. 그러나 실무자에게 실질적으로 도움이 될 만한 정보를 큐레이션해서 전달하는 것은 전혀 다른 이야기다. 또 하나의 어려움은 테크놀로지는 한계가 없어서 정보가 너무 다양하고 방대하다는 점이다.

사내에 많은 부서가 있고 외부에는 다양한 기술이 있으니, 이를 곱하면 그 조합이 어마어마하다. 예를 들어 상품 개발 부서에 가서 연관이 될 만한 트렌드를 모두 공유하려면 이 책에서 정리한 많은 사례들을 재정리해서 발표하는 수준이 되어야 한다. 효율성도 떨어지고 실무적으로도 어려운 일이다.

해결책은 인덱싱과 큐레이션이다. 앞에서 테크놀로지가 마케팅의 세 가지 큰 차원에서 변화를 일으킬 수 있다고 말했다. 고객 통찰, 가치 창조, 가치 전달이다. 이 각각에 3가지의 기회 영역이 있다. 테크놀로지 트렌드를 분석할 때는 이 9(3×3)가지 정도의 기회 영역을 염두에 두고 해당 기술이 어디에 영향력을 끼칠지 생각해보는 것이 좋다. 이 작업이 인덱싱이다. 정보를 한 보따리 싸서 실무 부서에 넘겨주고 알아서 생각하라고 하는 것이 아니라, 트렌드에 대한 감각이 있는 사람이 "이건 '브랜드 철학을 형상화'하는 데 활용된 성공적인 사례인데 혹시 우리 브랜드 캠페인에도 적용될 수 있는지 검토해보라."는 식으로 제안하는 것이다. 물론 다음 단계부터는 트렌드 담당자의 역할이 커지면서 고민이 많아질 것이다. 그러나 트렌드 업무라는 것이 원래 포착하고 해석하고 실현하는 전 과정을 조율하는 역할이다. 기꺼운 마음으로 할 수 있다. 정보를 분석하고 적용할 아이디어를 먼저 생각해보고 인덱싱을 해두는 것이 곧 정보를 지식으로 만드는 가치 있는 과정이기 때문이다.

이처럼 평소에 인덱싱 작업을 잘 해두면 필요할 때 꺼내서 큐레이션할 수 있다. 기술 트렌드와 사례들이 분야별로 축적되면 트렌드가 좀 더 확실히 드러나고, 결국엔 인사이트를 얻을 수 있다. 예를 들어 가치 전달의 기회 영역 중에서 '즐거운 경험 창조'의 사례들을 잘 정리하면, 이 부분이 통합 마케팅 커뮤니케이션IMC을 기획하는 프로세스에서 쓸모 있게 활용될 수 있다. 캠페인을 할 때마다 부산하게 트렌드를 찾다 보면 수박 겉핥기가 되기 쉽다. 평소에 정보를 축적하고 숙성시켜두면 필요할 때 요긴하게 쓸 수 있다. 이런 과정들이 '그냥 열심히 하는 것'에서 '스마트하게 하는 것'으로의 변화를 가능하게 만든다.

변화의 속도에 압도당하지 않아도 된다. 그럴 수 있는 상황이다. 이제는 한 분야의 전문가도 그 분야의 트렌드를 모두 파악하기 어려운 세상이다. 평상시에 좋은 정보를 분류하고 정제해두는 작은 노력들이 쌓이면 정보에 파묻히지 않고, 정보를 가지고 놀 수 있다. 트렌드 역량이 회사의 지식을 결정하는 시스템이라고 생각하고 상시적으로 운영해야 한다.

기업 경쟁력을 좌우하는 테크피리언스

지금까지 테크놀로지가 가져올 어마어마한 변화를 강조했다. 이건 유행이 아니라 쓰나미와 같은 트렌드라고 단언했다. 그러나 테크놀로지는 목적이 아니다. 테크놀로지는 전략도 아니다. 테크놀로지는 우리가 사업을 하고 마케팅을 하는 데 있어서 추가된 또 하나의 중요한 변수일 뿐이다.

마케터로서 우리는 고객 통찰의 중요성을 절감해왔다. 고객의 행동 변화를 유발하는 트렌드에 주목해왔다. 이제 테크놀로지를 이해하는 것은 트렌드 파악의 하나가 아니라 가장 중요한 기둥 중의 하나로 격상해야 한다. 고객 조사나 트렌드 분석이 기존의 비즈니스 프로세스에서 전략으로 연결되어야 하는 것과 마찬가지로 테크놀로지 트렌드도 현업과 밀접하게 맞물려 돌아가야 한다. 그래야 테크피리언스의 힘을 십분 발휘할 수 있다.

테크놀로지가 먼 이야기처럼 들리고, 잠깐의 흥미로 그치는 이유는 트렌드가 '일'과 괴리되어 있기 때문이다. 결국 그 해답은 업무 프로세스에 테크놀로지를 검토하는 단계를 포함하는 것에 있다. 몇 가지 예를 들어보자.

고객 조사는 관행적으로 수행되는 대표적인 업무다. 항상 설문조사 아니면 집단심층면접조사로 이루어진다. 모든 조사 업무를 기획할 때 새로운 정보 수집, 정보 분석의 대안들을 검토해보는 것이 가장 이상적이겠으나, 현실적으로는 단계적으로 나아가는 방법을 채택할 가능성이 높다. 깊은 고객 통찰이 요구되는 신규 프로젝트를 수행할 때 테크놀로지를 활용한 새로운 고객 통찰의 방법들을 대안으로 포함하도록 하는 것이다.

우리는 매장에 카메라를 설치하는 것만으로도 고객의 행동과 감정을 파악할 수 있다는 것을 확인했다. 매장에서든 인터뷰를 진행하는 실내에서든 새로운 기술을 활용하면 말로는 알 수 없는 내면의 진실을 알 수 있다. 관행에서 빠져나오려면 이런 과정을 공식적인 절차로 정하고, 기존의 방법을 쓰더라도 이유를 명확히 하도록 강제하면 된다. 물론 테크놀로지 트렌드 담당자가 함께 논의를 하면서 큐레이션된 정보를 제공하고 지원해야 한다.

상품 개발에 있어서는 테크놀로지가 핵심 요소이다. 신제품을 개발하는 단계에서 테크놀로지 트렌드가 공유되는 것은 너무도 당연한 일이다. 제품의 성능을 높이는 원천 기술과 함께 트렌드 담당자가 수집한 주변 기술들도 심도 깊게 논의되어야 한다. 상품의 가치를 향상시키는 기회는 제품의 기본적인 성능을 높이는 것 이외에도 부가적인 가치를 더하는 방법과 수평적인 혁신을 이루는 방법들이 있다. 새로운 기술들을 다양하게 이해하지 않고는 이러한 혁신의 가능성을 볼 수 없다. 기술을 검토하는 세션에서 범위를 확장해 아이디어를 고민하는 단계를 추가하면 된다. 아이디어를 심사하는 단계에서도 아이디어를 버리기 전에 대안 기술을 충분히 검토했는지 한 번 더 체크하는 것도 방법이 될 수 있다.

마케팅 커뮤니케이션을 기획할 때는 두 번의 중요한 창의력 발산 과정이 있다. 중심 아이디어를 결정하는 단계와 이를 구현하는 실행 프로그램을 만드는 단계다. 통합 마케팅 커뮤니케이션에 있어서 중심 아이디어를 결정할 때 우리는 마케팅의 목적과 고객의 통찰을 교차시켜본다. 마케팅 목적은 가능한 한 명확한 것이 좋고, 고객의 통찰은 다양한 인사이트들이 많을수록 좋다. 테크놀로지는 고객 통찰을 풍성하게 하는 요소로 활용될 수 있다. 새로운 기술이 고객의 행동을 어떻게 변화시키고 있는지, 아직 적용되지 않은 기술이라면 이 기술로 고객에게 어떤 경험을 줄 수 있을지 상상해볼 수도 있다. 이렇게 고객에 대한 통찰이 풍성해지면 더욱 강력한 중심 아이디어가 나올 가능성이 높아진다. 구체적인 실행 프로그램을 만들 때는 신기술을 응용할 수 있는 다양한 방식을 창의적으로 생각해볼 수 있다. 여기에는 제한이 없기 때문에 트렌드 담당자가 브레인스토밍에 직접 참여해서 함께 고민하고 상상력을 펼치면 된다.

이와 같은 프로세스 보완은 담당자 선에서 실행하기 어렵다. 회사 차원에서 현재의 업무 프로세스를 분석하고 공식적으로 전사에 공지하는 것이 바람직하다. 그래야 유관 부서들 간에 협력이 원활해지고 힘도 실린다.

토머스 데븐포트Thomas Davenport는 《분석으로 경쟁하라》에서 탁월한 비즈니스 프로세스는 경쟁사와 차별화될 수 있는 마지막 보루라고 말한다.(토머스 데븐포트, 《분석으로 경쟁하라》, 2011, 22쪽.) 그는 "기존의 경쟁 수단들이 무력해지면서 이제 경쟁의 근간으로 남은 것은 최대한의 효율성과 능력을 발휘해서 사업을 운영하는 것과, 가장 현명한 방식으로 사업과 관련된 결정을 내리는 것이다."라고 말한다. 테크놀로지에 대한 정보를 기존의 사업 프로세스에 녹여서 지속적인 경쟁력으로 만드는 것이 관건이다.

결국은 이것이 기업의 격차가 가장 크게 벌어지는 지점이 될 것이다.

유연하고 창의적이며 빠르게 움직여라

아주 신기하게도 대멸종 사건 이후 지층에서 맨 처음으로 나타난 화석은 극소수의 종에 속한 엄청난 양의 껍데기 화석이었다. 그

종들은 단기간에 급속히 번성한다. 그러나 해양 생태계가 정상을 회복하면 이 동물들은 곧 사라진다. 기회주의는 항구적인 전략이 아니다. (리처드 포티, 《위대한 생존자들》, 2012, 372쪽.)

진화 역사에 대한 리처드 포티의 통찰은 비즈니스에서도 발견할 수 있다. 인터넷 버블이 한창이던 1990년대 말에는 인터넷이 기존 산업을 모두 뒤집어엎을 것이라는 장밋빛 전망 일색이었다. 물론 이 과정에서 구글, 아마존, 페이스북과 같은 거대한 신흥 강자들이 현대 비즈니스 생태계의 중심부에 자리를 잡았다. 시간이 지나고 옥석이 가려지자 기존의 강자들은 인터넷을 그들의 비즈니스 모델에 접목하면서 다시금 건재함을 과시했다. 업계가 재편되었고, 유연한 회사들은 승자의 위치를 지킬 수 있었다.

사물인터넷이 새로운 '단속 평형'을 만들고 모든 플레이어들에게 진화를 요구하고 있다. 우버와 같은 혁신 기업이 등장해서, 기존의 산업 구조를 흔들고 있다. 전통적인 강자들도 긴장의 끈을 놓지 않고 주도권을 놓치지 않기 위해 분주하게 움직인다. 지금은 기업이 치러야 하는 또 하나의 중요한 시험 기간이다. 즉, 얼마나 유연한가. 얼마나 창의적인가. 얼마나 빠른가에 대한 시험이다.

이번 장에서 우리는 기업의 입장에서 테크피리언스를 창출할 수 있는 새로운 기회를 어떻게 성과로 연결시킬 수 있을지 생각해보았다. 기존의 근시안적인 시각을 벗어나 트렌드를 폭넓게 탐색하면서, 정보들을 흘려보내지 말고 지속적으로 분류하여 지식으로서 정리해 두고, 기존의 업무 프로세스의 적절한 단계에서 이러한 지식을 적용하는 세 가지 방법을 제시했다. 이러한 변화는 직원 개인이 만들 수 없는 전사 차원의 혁신이다. CEO를 비롯한 경영진이 주도하고 변화 관리를 이끌어야 한다.

이제 시선을 개인에게 돌려보자. 마케터에게는 이러한 변화가 무엇을 의미할까? 지금 무엇을 해야 몸값을 올릴 수 있을까? 이것이 다음 장의 주제이다.

8

최후의 승자,
마케팅
테크놀로지스트

잠깐이라도 딴 데 한눈을 팔고 있으면 새로운 기술이 등장하고
그로 인해 하루아침에 수년 동안 다녔던 직장을 잃을 수도 있다.
좀 더 심하게 말하면, 그중 가장 먼저 회사를 그만둬야 할 사람은 마케터가 될 수도 있다.
기존의 관습 같은 건 모두 버려라.
마케팅이 할 수 있는 일과 할 수 없는 일의 경계도 허물어라.
진정한 마케팅 테크놀로지스트가 된다면
기존의 선후배들이 접근하지 못했던 마케팅 아이디어로
고객의 마음을 빼앗을 수 있을 것이다.

마케터는 지금과 같은 역할을 계속할 수 있을까?

이 책 전체를 관통하는 이야기는 기술의 변화를 이해하고 포착하여 자신이 관여하고 있는 업무에 테크피리언스를 적용하라는 것이다. 지금 책을 읽고 있는 당신은 마케터이거나 혹은 그와 유사한 일에 종사하는 사람일 가능성이 크다. 그렇다면 당신은 지금 속해 있는 기업뿐만 아니라 그와 관련된 산업 전반의 흐름과 변화에 대해서 (아주 구체적이진 않더라도) 어느 정도는 파악하고 있을 것이다.

하지만 당신이 속한 마케팅 부문에서 이러한 변화에 대응하는 전략들이 잘 실행되고 있을까? 불행하게도 그렇지 못할 확률이 높다. 사실 마케팅은 기업이 하고 있는 업무 중 일부분일 뿐이며 더군다나 비즈니스 생태계의 변화에 따른 대응이 마케팅만의 몫이라고 할 수도 없다. 기업의 입장에서 보자면 더 거시적이고 장기적인 안목으로 이 거대한 변화에 대응하기 위한 구체적인 전략들을 수립해야 한다. 여기서 우리가 중요하게 생각해야 할 것은 "앞으로도 과연 마케팅이 지금과 같은 역할을 계속 할 수 있을 것인가?"란 질문이다. 안타까운 얘기지만, 마케팅은 과거의 영광을 뒤로한 채 무대 뒤로 쓸쓸히 퇴장할지 모른다.

《고객의 감춰진 부The hidden wealth of customer》의 저자 빌 리Bill Lee는 〈하버드 비즈니스 리뷰〉에 쓴 기고문에서 "광고와 PR, 브랜딩, 기업 커뮤니케이션 등 전통적인 마케팅은 죽었다. 하지만 기존 방식들을 고수하는 마케팅 조직에는 이미 철 지난 패러다임에 집착하고 있음을 깨닫지 못하고 있는 사람들이 많다."라고 이야기했다.

승승장구하고 있을 때는 언제까지나 모두가 함께할 것만 같지만, 막상 배가 가라앉기 시작하면 누군가는 물을 퍼내려 하고, 누군가는 스스로 배를 버리며, 또 누군가는 내릴 수밖에 없는 운명에 처하기도 한다. 시장이 위축되고 사업이 실패하면 누가 가장 먼저 떠나야 하는 사람이 될까? 경제 전반이 위기에 내몰리던 시기에 우리가 목도한 것은 마케팅 비용의 축소였다. 가장 먼저 광고비가 줄었다. 이것은 무엇을 의미할까? 기업이 구조 조정을 염두에 두고 있다면 이는 곧 광고를 담당하는 직원을 줄이겠다는 말과 같다.

관습과 경계는 무시해도 상관없다

이미 앞선 장들에서 계속 강조해온 것처럼 우리는 어제의 번영이 오늘까지 보장되지 않는 시대에 살고 있다. 다시 말하지만 작년과 올해가 아니라, 어제와 오늘이 달라지는 시대다. 잠깐이라도 한눈을 팔고 있으면 새로운 기술이 등장해 하루아침에 당신의 직장을 시장에서 사라지게 할 수도 있다. 좀 더 심하게 말하면, 그중 가장 먼저 회사를 그만둬야 할 사람은 마케터가 될 수도 있다. 물론 과장이 섞인 이야기이고 실제로 하루아침에 직장을 그만두게 되는 일은 일어나지 않을 수도 있다. 하지만 몇 년 전 노키아에 다녔던 사람들도 그렇게 생각하지 않았을까? 이러한 변화에 (또는 비극적인 결말에) 대비하기 위해 당신은 어떤 준비를 하고 있는지 궁금하다.

여전히 많은 회사의 경영자들이 유명 대학의 상경계열 출신이다. 국내 500대 CEO의 약 40%에 이르는 수치다. 반면 늘 이슈를 만들거나 새롭게 떠오르는 회사의 CEO들은 어떤가? 애플, 구글 등 당장 머릿속에 떠오르는 세계적인 회사들의 CEO는 엔지니어 출신이다. IT 산업이 핵심으로 부각되고 있기 때문이다. 이제는 전통적인 굴뚝 산업이라 생각했던 분야에서도 혁신적인 기술을 도입하고 있고 기술 기반 기업으로 변화를 꾀하고 있다. 드론으로 농약을 뿌리는 사진을 페이스북에서 본 적이 있다. 이제는 농부도 기술을 알아야 농사를 할 수 있는 시대가 된 것이다.

이제 모든 영역에서 기술의 도입은 불가피해졌다. 기술을 모르고는 변화의 성격도, 흐름도, 그 어떤 것도 예측할 수 없다. 그렇다고 공대에 다시 들어가 당신의 지식을 엔지니어 수준으로 끌어올려야 한다는 것은 아니다. 이것은 현실적으로도 불가능하고 이 책에서 말해온 주장도 아니다. 우리의 제언은 마케터가 기술의 흐름과 변화에 민감해야 한다는 것이다. 얼핏 한가한 얘기처럼 들릴 수도 있지만 정작 기술 생태계가 어떻게 돌아가고 있는지 들여다보면 생각처럼 한가한 얘기가 아니라는 사실을 금세 알게 될 것이다. 마케터는 이제 어떤 기술이 새롭게 등장하고 있으며, 그러한 기술들이 어떤 방식으로 고객의 삶을 변화시키고 있는지 기존과 다른 각도에서 바라봐야 한다. 그래야 다가올 미래의 변화를 조금이나마 예측할 수 있고 대응도 가능해진다.

《포지셔닝》이나 《마케팅 불변의 법칙》 같은 책에 나오는 이론들로 무장하기보다 매일 새롭게 등장하는 기술들을 포착하는 데 시간과 공을 더 들일 필요가 있다. 기술에 대한 통찰을 바탕으로 그것을 어떻게 기존의 제품이나 서비스에 연결시킬 수 있을지, 어떻게 고객에게 새로운 경험을 제공할 수 있는지 고민하고 시도해보는 것이 더 중요하다.

기존의 관습과 고정 관념은 모두 버려야 한다. 기술과 마케팅을 결합해야 한다는 주장은 10년 전에는 큰 주목거리가 되지 못했을 것이다. 하지만 지금은 아니다. 이제는 마케팅이 할 수 있는 일과 할 수 없는 일의 경계도 허물어야 한다. 아마존 '대시'를 마케팅 부서에서 만든 것인지 아닌지 아무도 신경 쓰지 않는 것처럼 고객에게 브랜드의 가치를 전달하고 제품에 대한 경험을 강화시키기 위한 일이라면 누가 나서도 상관없다.

마케터의 존재 가치를 증명하는 법

마케터가 남들보다 잘할 수 있는 영역을 꼽으라면 고객 통찰을 들 수 있다. 지금까지 마케팅은 다른 부서보다 고객을 통찰하는 일에 더 많이 신경을 써왔다. 고객의 감춰진 욕망과 무의식에 접속하기 위해 마케터들은 수많은 방법을 고민하고 적용했다. 시대가 바뀌어도 고객 통찰은 여전히 중요한 화두다. 문제는 가속도가 붙은 시대의 변화만큼 고객의 변화도 빨라지고 있다는 것이다.

'파워 블로거 위에 무명 블로거'. 최근 뉴스에 실린 기사 제목이다. 이제 소비자들이 더 이상 파워 블로거의 글을 믿지 않기 시작했다는 내용이었다. 신제품이나 새로운 서비스를 시작할 때마다 파워 블로거들에게 리뷰를 요청했던 마케터들은 이제 할 일이 없어질 것이다. 이뿐만이 아니다. SNS에 반응하던 고객들도 이제 더 이상 '좋아요'를 눌러주지 않는다. '좋아요' 수만 가지고 마케팅의 효용성을 판단하는 경영진은 많지 않겠지만, 이런 상황이 계속되다 보면 SNS를 운영하는 직원들이 필요치 않다는 이야기가 나올 수도 있다.

각종 경품으로 수백만의 SNS 팬들을 모았지만 그렇게 길들여진 고객들은 기업이 전하고 싶어 하는 홍보 글들에는 관심을 갖지 않는다. 파워 블로거에게 돈을 주고 사용 후기를 올려도 거짓 후기에 속아 제품을 산 고객들은 다시는 사용 후기를 믿지 않고 제품도 사지 않게 될 것이다. 고객을 현혹하려 애썼던 마케팅 방법들은 단기간에 효과를 볼 수 있을지는 몰라도 결국 고객의 불신이라는 부메랑이 되어 돌아올 것이다. 이런 상황은 더 심해지면 심해졌지 약화되지는 않을 것이다. 앞서 언급했지만 기업이 주도하는 마케팅이 고객의 구매 평가 시점에 미치는 영향력은 3분의 1에 불과하다. 오히려 인터넷에 올라와 있는 자세한 사용 후기나 지인들의 추천이 훨씬 큰 영향력을 행사하고 있다.

그렇다면 돌아선 고객의 마음을 돌리고 신뢰를 회복하는 방법은 없는 것일까? 가장 좋은 방법은 좋은 품질의 제품을 내놓고 고객이 직접 경험하여 스스로 믿게 하는 것이다. 제품의 강점을 살린 경험이나 고객의 자발적 경험을 강화할 수 있는 방법만이 마케팅이 살 길이다. 그렇기 때문에 먼저 고객을 통찰하여 그들이 어떤 경험을 원하는지 파악하고 그 경험을 실현하기 위한 기술의 변화를 통찰해야 한다. 고객을 이해하면 할수록 그들이 원하는 것을 제공할 수 있다. 접목할 수 있는 기술의 영역과 변화를 빠르게 파악할수록 고객이 원하는 획기적이고 재미있는 경험을 제공해줄 수 있다. 테크놀로지의 발전과 변화를 이해해야 마케팅도 계속할 수 있다는 뜻이다.

물론 낯선 개념일 수 있지만 두려워할 필요는 없다. 이런 상황이 마케터에게는 오히려 기회가 될 수 있다. 최신 기술을 적재적소에 활용해 고객의 행동이나 소비 패턴을 분석할 수 있고, 기존에 있던 제품에 약간의 기술을 더하는 것만으로도 기존과는 다른 경험을 제공할 수 있는 가능성이 많아졌기 때문이다. 테크놀로지가 획기적인 경험을 전해줄 수 있다는 사실은 마케터에게 강력한 무기가 생긴 것이나 다름없다. 시도할 수 있는 것들이 더 많아진 것이다.

하지만 간과해서는 안 될 것은 이 모든 과정에 진정성이 담겨야 한다는 것이다. 테크놀로지가 발전한다고 해서 오직 기술로 고객의 마음을 사로잡을 수 있는 것도 아니고 기술의 영역이 넓어졌다고 당장 감성을 움직이는 마케팅이 사라지는 것도 아니다.

테크놀로지를 어떻게 활용할 것인지, 고객의 감성을 어떻게 건드릴지 파악하는 것도 결국은 고객, 즉 사람에서 시작된다. 그렇기 때문에 테크놀로지보다 더 중요한 '사람'에 대한 관심과 이해가 필요하다. 고객을 돈벌이 수단으로 이해하는 것이 아니라 진정한 가치를 제공해야 할 대상으로 생각해야 한다. 그들에게 필요한 가치와 경험을 제공하고, 궁극적으로 고객이 행복해할 때 마케터는 자신의 존재 가치를 증명할 수 있다. 이 지점에서 출발하지 않는다면 제아무리 테크놀로지를 잘 이해한다고 해도 아무런 소용이 없다.

진정성을 갖고 고객을 진심으로 대하는 마케터라면 아마 테크놀로지 또한 진정한 고객 경험을 제공하기 위한 수단으로 배우고자 할 것이다.

소비자들 역시 과거와는 달라졌다. 기업이 자신들을 진심으로 대하는지 속임수의 대상으로 여기는지 누구보다 잘 알고 있다. 정보의 주도권이 소비자에게로 돌아간 이상 고객이 모르는 것은 없다. '이 정도는 모를 거야'라는 안일한 생각으로 마케팅을 기획해서는 안 된다.

이제 역사 속으로 사라진 노키아는 고객의 정보 능력을 간과한 속임수 마케팅으로 여론의 뭇매를 맞은 적이 있다. 삼성과 애플에 뒤처진 스마트폰 시장에서 자존심을 회복하기 위해 노키아는 루미아Lumia 920을 출시했다. 카메라 성능의 강점을 알리는 광고에는 자전거를 타고 가는 남녀가 스마트폰의 손 떨림 방지 기능으로 흔들림 없이 영상을 찍는다는 내용이 담겨 있었다. 하지만 광고를 본 네티즌들은 모델 옆으로 지나가는 차량 유리에서 광고 촬영 팀이 찍힌 흔적을 찾아냈다. 촬영 기사로 보이는 사람은 루미아가 아니라 DSLR 카메라를 이용해 영상을 찍고 있었다. 이 논란은 소셜 미디어를 통해 무한히 공유되었고, 노키아는 웃음거리 신세를 면치 못했다. 이제는 더 이상 고객을 속일 수 없고, 속여서도 안 된다.

정보 권력은 고객이 쥐고 있다. 마케터가 더욱 진정성 있게 고객에게 다가가야 하는 이유다.

마르지 않는 정보의 샘물을 찾아서

불과 20년 전 온라인 마케팅을 먼저 이해한 사람들은 극소수였고 희소가치 때문에 몸값도 높았다. 이제는 어느 기업이나 온라인 마케팅을 하고 있지만, 그럼에도 불구하고 20년 전부터 온라인 마케팅의 선두에 있었던 전문가들은 온라인, 디지털 마케팅의 대가들로 여전히 우뚝 서 있다. 이와 마찬가지로 앞으로는 기술을 이해하고 활용하는 마케터가 중심으로 떠오르는 시대가 열릴 것이다. 지금은 '마케팅 테크놀로지스트'란 단어가 낯설어 보일지라도 그들은 고객 관계 관리 전문가, 디지털 마케팅 전문가, 고객 리서치 전문가, 광고 전문가 같은 기존의 마케터들과는 비교조차 할 수 없는 위치를 점할 것이다.

하지만 마케팅 테크놀로지스트는 하루아침에 만들어지지 않는다. 학문으로서의 기술과 마케팅으로서의 기술은 엄연히 다르다. 마케터는 그 차이를 깨닫고 '고객 통찰'과 '기술 통찰'을 함께 고민해야 한다. 기술의 변화를 간파하려는 노력과 함께 변화하는 고객의 내면까지 이해하려는 노력을 기울여야 한다. 비즈니스 환경에서 기술은 끊임없이 혁신을 거듭하고 있으며 우리의 삶을 변화시키고 있다. 마케터는 그것들이 현재 어떤 역할을 하고 있는지, 앞으로 어떤 방향으로 확장될 것인지에 관심을 기울여야 할 것이다. 하지만 강조한 것처럼 중요한 것은 고객이 어떤 경험을 원하는 지 파악하는 것이다. 기술을 이해하고 활용하려는 궁극적인 이유는 고객이 원하는 경험을 가장 완전한 형태로 실현시키기 위함이다. 이를 위해 지금 주목하고 있는 기술이 어디에 적용되고 어떻게 사용될 수 있을지 고민해야 한다.

기존의 업무 환경과 프로세스에 적응되어 있는 마케터가 기술까지 신경 쓰는 일은 결코 쉬운 일이 아니다. 마케터가 섣불리 기술에 대한 견해를 밝힐 수 있는 환경도 제대로 조성되어 있지 않을 것이다. 하지만 변화는 이미 시작되었다. 몇 가지 소개한 사례뿐만 아니라 기술을 활용한 마케팅 솔루션들이 주목 받고 있다. 국내 디지털 광고 대행사인 이노레드Innored는 기존의 광고를 뛰어넘어 기술을 활용한 마케팅 솔루션들을 시장에 내놓고 있다. 최근 G마켓이 브랜딩을 위해 내놓은 휴대폰 살균기 '그린 토스터Green Toaster' 같은 경우가 대표적인 예다. 변화는 필연적이다. 큰 변화의 흐름은 막을 수 없다. 그러므로 지금부터라도 남들보다 기술에 대한 이해의 기반을 다지고 조금씩 넓혀가는 작업을 하는 것이 중요하다. 기술을 활용한 마케팅의 중요성이 본격적으로 요구될 때, 기술을 깊이 이해하고 있는 마케터와 그렇지 않은 마케터는 큰 차이가 날 수밖에 없다.

좀 더 멀리 내다보고 싶다면 최근에 생겨나고 있는 기술 기반의 스타트업에서 마케팅 경력을 쌓는 것도 방법이 될 수 있다. 잘 찾아보면 좋은 아이디어와 기술을 가지고 있는데도 마케팅 인력이 모자라 고전하고 있는 회사들이 있다. 로켓펀치rocketpunch.com나 데모데이 demoday.co.kr 같은 사이트에서는 지금도 다양한 스타트업들이 마케터를 채용하고 있다. 핀테크, O2O(Online to Offline), 헬스 케어 같은 스타트업에서 마케팅을 한다면 자신의 마케팅 인사이트를 실현해볼 수 있는 기회가 더 생길 것이다. 더불어 기술에 대한 이해와 변화에도 민감해질 수 있어 마케터 개인의 역량을 강화하는 데 도움이 될 것이다.

지금은 마음만 먹으면 큰 어려움 없이 기술에 대한 지식을 습득할 수 있다. 이 책에 등장한 사례들 역시 누구나 쉽게 접근할 수 있는 채널들을 통해 수집한 것들이다. 예전보다 훨씬 많은 정보를 더 쉽게 얻을 수 있는 시대가 되었다. 책을 꼼꼼히 읽었다면 가장 많이 등장했던 사이트의 이름을 기억할 것이다. 바로 인디고고indiegogo.com와 킥스타터kickstarter.com다.

이 2개의 사이트는 세계적으로 유명한 크라우드 펀딩 사이트로 기술뿐 아니라 미술, 만화, 음악, 소설 등 다양한 분야에 걸쳐 펀딩이 이루어지는 곳이다. 특히 기술 분야는 전 세계에서 뛰어난 기술과 아이디어를 가진 개인과 기업들이 무궁무진한 신제품을 쏟아내는 각축장이기도 하다. 이 사이트들을 정기적으로 보는 것만으로 새로운 기술 트렌드를 알 수 있으며, 새롭고 신선한 아이디어까지 얻을 수 있다. 더불어 주목도가 높고 펀딩이 많이 이루어지는 제품을 살펴보면 고객이 어떤 부분에 목말라했는지, 현재 시장과 고객은 무엇을 필요로 하고 있는지 알 수 있다. 특히 펀딩을 성공시키기 위해 좀 더 세부적인 기술을 소개하는 내용을 살펴보면 어떤 기술이 적용되었고, 그 기술이 어떤 특징을 가지고 있는지도 파악할 수 있다.

이 2개의 사이트를 드나들다 보면 자연스럽게 각각의 펀딩 제품들을 소개하고 있는 뉴스 사이트를 만날 수 있다. 매셔블mashable.com, 씨넷cnet.com, 패스트컴퍼니fastcompany.com, 테크크런치techcrunch.com는 IT 전문 뉴스, 블로그로서 미국을 중심으로 한 세계의 테크놀로지 흐름에 대한 정보를 얻을 수 있는 사이트들이다. 국내에도 아이뉴스inews24.com, 전자신문etnews.com, 지디넷코리아zdnet.co.kr와 같은 사이트들이 있다.

마케팅 테크놀로지스트로 거듭나기 위한 준비

사물인터넷을 중심으로 한 새로운 기술은 대부분 센싱 기술에서 출발한다. 센서란 외부에서 입력된 신호를 전기 신호로 변환하는 소자를 말한다. 우리가 일상에서 사용하는 스마트폰에도 가속도, 자이로스코프, 터치, 중력, 조도, 근접 센서 등 수많은 센서가 탑재되어 있다. 이 책에서 소개하고 있는 많은 사물인터넷 제품들 역시 센싱 기술을 응용해 만들어진 것들이다. 완제품 자체를 테크피리언스 마케팅에 이용하지 않는다면 제품에 탑재되는 다양한 센싱 기술을 테크피리언스 마케팅에 활용할 수 있다. 이를 위해서는 당연히 센싱 기술들에 대한 이해가 밑받침되어야 한다.

숙취 음료 산업에서 예로 들었던 것처럼 만약 숙취 음료의 뚜껑에 음주 측정 기능을 추가하겠다면 먼저 호흡을 감지하는 센서에 대해 알고 있어야 한다. 센싱 기술 역시 지속적으로 발전하고 있기 때문에 관심을 갖고 공부해두면 테크놀로지를 이해하는 데 많은 도움이 될 것이다. 센싱 기술은 사물과 사물 사이에서 통신이 가능하도록 하는 매개체 역할을 한다. 센서가 있는 기기에서 신호를 감지하면 이 데이터를 다른 기기인 스마트폰에 보내는 식이다.

센서가 감지해서 만들어낸 데이터를 스마트폰이나 태블릿 PC 등으로 보내려면 자연스럽게 근거리 무선 통신 기술에 대한 이해도 뒤따라야 한다. 근거리 통신 기술에는 블루투스, NFC, 비콘 등이 있다. 이러한 근거리 통신 기술들 간의 차이가 무엇인지 이해해야 적재적소에 적용이 가능하다. 가령, NFC는 블루투스에 비해 통신을 시작하는 데 걸리는 시간이 매우 짧다. 기기 간 연결을 준비하는 데 블루투스가 5초 내외라면 NFC는 0.1초도 걸리지 않는다. 이 밖에도 저전력이나 배터리, 무선 충전 등 사물인터넷에 관한 기본적이고 핵심적인 지식을 조금씩 넓혀가려는 노력이 필요하다.

물론 마케터 입장에서 새로운 영역에 관한 깊이 있는 탐구가 쉽지는 않을 것이다. 그렇다고 마케터가 개발자 수준의 지식을 갖고 있을 필요는 없다. 마케터가 개발에 직접 관여할 일은 없겠지만 기획 단계에서 기술에 대한 지식이 있느냐 없느냐는 큰 영향을 준다. 일정 수준의 테크놀로지 지식을 갖고 있으면 남들은 생각지 못하는 새로운 아이디어가 나올 수 있다. 뿐만 아니라 개발 단계에서 실현 가능성을 미리 판단할 수 있어 허황된 아이디어로 시간을 낭비하지 않을 수 있다.

기껏 만든 아이디어가 실제 개발 단계에서 무산되지 않게 하려면 기술을 습득하는 일은 불가피하다. 마지막으로 다시 한 번 강조하고 싶은 것은 고객에 대한 통찰이다. 진정한 마케팅 테크놀로지스트로 거듭나기 위해서는 고객을 통찰할 수 있는 능력이 중요하다. 해당 산업 분야에서 고객이 주로 느끼는 불편함이 무엇인지, 그들이 필요로 하고 원하는 것을 알기 위해 노력해야 한다. 그러한 고민들이 기술 지식과 만나면 결국 고객에게 '어떠한 경험과 가치를 제공할 수 있는가?'에 대한 답을 찾을 수 있을 것이다.

마케터는 시장과 고객의 변화를 관찰하고 솔루션을 찾아야 하는 사람들이다. 그래서 다른 부서보다 고객과 시장의 변화를 통찰하는 일을 중요하게 생각해왔다. 기술과 시장, 고객의 변화 속도가 빨라진 시대에서 이 관계의 변화를 꿰뚫어보는 것은 모두의 화두다. 마케터가 그 중심에 서기 위해서는 테크놀로지에 대한 이해를 바탕으로 고객 가치를 제공하기 위한 다양한 방법을 찾아 시도해야 한다. 그것이 결국 기존에는 접근하지 못했던 마케팅 방법론, 즉 새로운 테크피리언스 마케팅 아이디어로 발현될 것이다.

'잘' 살아남아
대체 불가능한 마케터가 되기를

이 책이 얼마나 유용했는지 궁금하다. 오랜 마케팅의 역사를 거슬러 올라가면 고객의 마음을 얻으려고 참 다양한 방법들을 썼다. 형식에 변화를 주기도 하고 감성 마케팅 등 고객의 심리를 활용하기도 했다. 나름대로 그 시대가 요구했던 문제들을 해결하려는 방향으로 발전을 거듭해왔다. 시대에 따라 성격도 형태도 모두 다르지만 결국 고객의 마음을 사로잡으려고 했다는 점에서 이 방법들의 본질은 같다.

이 책에서 계속 설명한 테크피리언스 마케팅도 어쩌면 이 시대가 요구하는, 지금 당장 필요한 해결책에 그칠지 모른다. 하지만 분명한 것은 이 책에서 제시한 테크피리언스 마케팅이 고객의 마음을 관통할 또 하나의 강력한 무기가 될 수 있다는 것이다. 테크놀로지의 영향력은 갈수록 더 커질 게 분명하다. 그렇다면 기술을 접목해 소비자의 잠재된 욕구를 충족시킬 수 있는 마케팅 아이디어를 제안하는 사람 역시 당분간 대체 불가능할 것이다.

이 책을 집어 든 당신은 더 많은 사람의 마음을 사로잡고 싶은 한 명의 마케터일 것이다. 혹은 기업을 책임지고 운영하는 사람이거나 제품 개발 또는 기획 관련 업무에 종사하는 사람이거나 마케팅에 관심을 가진 평범한 직장인일 수도 있다. 각자의 관점에서 각자의 상을 머릿속에 그리며 읽었다면 반드시 잊지 말고 떠올렸던 것을 실행에 옮기길 바란다. 우리의 관심사는 거대 조직의 생존보다 개개인의 생존에 더 큰 무게가 실려 있음을 강조하고 싶다. 실행하고 실패하고, 다시 실행하라.

현업에서 마케팅을 고민하는 한 사람으로서 바라는 것이 있다면 이 책을 본 마케터들이 확실한 경쟁력을 갖춘 사람이 되는 것이다. 규모나 소속에 관계없이 개개인의 역량이 커져야 위기에 처한 마케팅을 구할 수 있다. 위기에서 가까스로 살길을 모색하고 결국 끝까지 살아남게 될 때 당신의 마케팅은 한 단계 더 진화해 있을 것이다. 현재 우리가 어디쯤 서 있는지 객관적으로 현재 상황을 직시하라는 의미에서 '생존'의 문제라고 말했지만, 그저 살아남는 것이 아니라 누구나 인정하고 어디에서든 제 역량 이상을 발휘하는 멋진 사람들로 '잘 살아남아주길' 바란다. 기업에서 가장 먼저 내치려는 부서가 아니라 가장 먼저 중대한 프로젝트에 투입되어 기업의 얼굴과 가치를 알리는 일을 책임지길 바란다.

우리가 테크피리언스라는 개념을 만들어낸 것도 우리의 경쟁력, 마케터 개인으로서의 역량을 좀 더 키우려는 바람에서 비롯된 것이다. CEO의 한 마디에 수개월 동안 고심해서 준비한 마케팅 전략이 무산되고, '이거다!' 싶었던 광고는 어디로 사라졌는지 모르는 상황이 우리를 숱하게 좌절시켰기 때문이다. 마케팅에는 정답이 없다는 말로 위로하기엔 속 쓰린 경험이, 우리에겐 너무 많다.

자신이 속해 있는 기업에서 더 인정받으려면 결국은 고객에게 먼저 인정받는 수밖에 없다. 더 똑똑해지고 더 많은 경험을 원하는 고객을 만족시키기가 쉽지 않겠지만, 진정성을 바탕으로 고객의 욕망을 관심 있게 보고 마케팅에 잘 녹여낸다면 최선의 결과를 얻을 수 있을 것이다. 책 속에서 강조했듯이 당신이 '마케팅 테크놀로지스트'로 인정받을 수 있다면 답을 찾아가는 길은 한결 쉬워지지 않을까 조심스레 생각해본다. 기죽지 말고 더 많이 시도해보길. 자기 자신을, 테크놀로지와 마케팅 영역의 무한한 가능성을 믿기를.

늘 깨어 있고 공부하며, 고객을 진심으로 이해하겠다는 진정성을 무기로 이 마케팅 불확실성의 시대를 잘 헤쳐 나가기를 바란다.